胡适四十自述

胡适·著

武汉出版社
WUHAN PUBLISHING HOUSE

（鄂）新登字 08 号
图书在版编目 (CIP) 数据
胡适四十自述 / 胡适著 .-- 武汉：武汉出版社，
2015.9
ISBN 978-7-5430-9206-8
Ⅰ.①胡… Ⅱ.①胡… Ⅲ.①胡适（1891~1962）-
自传 Ⅳ.① K825.4
中国版本图书馆 CIP 数据核字（2015）第 112395 号

书名：胡适四十自述

著　　者：胡　适
本书策划：李异鸣　杨　肖
特约编辑：张红玲
责任编辑：何小敏
封面设计：蜗牛的窝
出　　版：武汉出版社
社　　址：武汉市江汉区新华路 490 号　邮　　编：430015
电　　话：(027)85606403　85600625
http: //www. whcbs. com　E-mail：zbs@whcbs. com
印　　刷：北京中振源印务有限公司　经　　销：新华书店
开　　本：787mm × 1092mm　1/16
印　　张：11.75　字　　数：188 千字
版　　次：2015 年 9 月第 1 版　2015 年 9 月第 1 次印刷
定　　价：29.80 元

前言

本书参考了北京大学出版社1998年出版的《胡适文集》，山东文艺出版社的《胡适三书：四十自述》，以及华文出版社的《胡适：四十自述》等版本，最终以北京大学出版社的版本为依据编得此书。

胡适是白话文先驱，他掀起了白话文运动，对中国的文化发展做出了巨大贡献。但由于白话文的初兴，许多语言尚不规范，因此文章中的许多遣词造句也与今日不同，有较多的异体字和异形词，内容上也有前后不统一的现象，标点符号的运用也不规范。为了保持原作的历史风貌，故未作大的改动。在阅读时，还望读者不要误解。

对文中的错别字，我们作了一些更改。文中的外国人名，当时译法与今时译法不同，故添加了脚注说明。且文中引用的许多典故，通过核查，也发现了一些问题，故也添加了相应的脚注进行说明。

胡适在学术的许多领域都有建树，但其自身的局限性也很大，他的著作中所表现的一些政治立场和学术观点，就反映了这一点。读者应理性判断。

编　者

目录

自　序

我在这十几年中，因为深深的感觉中国最缺乏传记的文学，所以到处劝我的老辈朋友写他们的自传。不幸得很，这班老辈朋友虽然都答应了，终不肯下笔。最可悲的一个例子是林长民先生，他答应了写他的五十自述作他五十岁生日的纪念；到了生日那一天，他对我说："适之，今年实在太忙了，自述写不成了；明年生日我一定补写出来。"不幸他庆祝了五十岁的生日之后，不上半年，他就死在郭松龄的战役里，他那富于浪漫意味的一生就成了一部人间永不能读的逸书了！

梁启超先生也曾同样的允许我。他自信他的体力精力都很强，所以他不肯写他的自传。谁也不料那样一位生龙活虎一般的中年作家，只活了五十五岁！虽然他的信札和诗文留下了绝多的传记材料，但谁能有他那样"笔锋常带感情"的健笔，来写他那五十五年最关重要又最有趣味的生活呢！中国近世历史与中国现代文学就都因此受了一桩无法补救的绝大损失了。

我有一次见着梁士诒先生，我很诚恳的劝他写一部自叙，因为我知道他在中国政治史与财政史上，都曾扮演过很重要的脚色，所以我希望他替将来的史家留下一点史料。我也知道他写的自传也许是要替他自己洗刷他的罪恶；但这是不妨事的，有训练的史家自有防弊的方法；最要紧的是要他自己写他心理上的动机，黑幕里的线索，和他站在特殊地位的观察。前两个月，我读了梁士诒先生的讣告，他的自叙或年谱大概也就成了我的梦想了。

此外，我还劝过蔡元培先生，张元济先生，高梦旦先生，陈独秀先生，熊希龄先生，叶景葵先生。我盼望他们都不要叫我失望。

前几年，我的一位女朋友忽然发愤写了一部六七万字的自传，我读了很感动，认为是中国妇女的自传文学的破天荒的写实创作。但不幸她在一种精神病态中把这部稿本全烧了。当初她每写成一篇寄给我看时，我因为尊重她的意思，不曾替她留一个副本，至今引为憾事。

我的《四十自述》，只是我的“传记热”的一个小小的表现。这四十年的生活可分作三个阶段，留学以前为一段，留学的七年（一九一〇至一九一七）为一段，归国以后（一九一七至一九三一）为一段。我本想一气写成，但因为种种打断，只写成了这第一段的六章。现在我又出国去了，归期还不能确定，所以我接受了亚东图书馆的朋友们的劝告，先印行这几章。这几章都先在《新月》月刊上发表过，现在我都从头校改过，事实上的小错误和文字上的疏忽，都改正了。我的朋友周作人先生，葛祖兰先生，和族叔堇人先生，都曾矫正我的错误，都是我最感谢的。

关于这书的体例，我要声明一点。我本想从这四十年中挑出十来个比较有趣味的题目，用每个题目来写一篇小说式的文字，略如第一篇写我的父母的结婚。这个计划曾经得死友徐志摩的热烈的赞许，我自己也很高兴，因为这个方法是自传文学上的一条新路子，并且可以让我（遇必要时）用假的人名地名，描写一些太亲切的情绪方面的生活。但我究竟是一个受史学训练深于文学训练的人，写完了第一篇，写到了自己的幼年生活，就不知不觉的抛弃了小说的体裁，回到了谨严的历史叙述的老路上去了。这一变颇使志摩失望，但他读了那写家庭和乡村教育的一章，也曾表示赞许；还有许多朋友写信来说这一章比前一章更动人。从此以后，我就爽性这样写下去了。因为第一章只是用小说体追写一个传记，其中写那太子会颇有用想象补充的部分，虽经堇人叔来信指出，我也不去更动了。但因为传闻究竟与我自己的亲见亲闻有别，所以我把这一章提出，称为“序幕”。

我的这部《自述》虽然至今没写成，几位旧友的自传，如郭沫若先生的，如李季先生的，都早已出版了。自传的风气似乎已开了。我很盼望我们这几个三四十岁的人的自传的出世，可以引起一班老年朋友的兴趣，可以使我们的文学里添出无数的可读而又可信的传记来。我们抛出几块砖瓦，只是希望能引出许多块美玉宝石来；我们赤裸裸的叙述我们少年时代的琐碎生活，为的是希望社会上做过一番事业的人也会赤裸裸的记载他们的生活，给史家做材料，给文学开生路。

二二，六，二七，在太平洋上

“自由中国”版自记

这七篇自述，是二十多年前一时高兴写了在杂志上发表的。前六篇都是在《新月》杂志上登出的，后来（民国二十二年）亚东图书馆的朋友们劝我印成单行本，题作《四十自述》。后一篇是民国二十二年十二月三日补写的，曾在《东方杂志》上登出，后来收在《中国新文学大系》第一册里。

《四十自述》的前六篇，叙述到我十九岁考取官费出洋留学时，就没有写下去了。当时我曾对朋友说：“四十岁写儿童时代，五十岁写留学时代到壮年时代，六十岁写中年时代。”

但我的五十岁生日（民国三十年，十二月十七）正是日本的空军海军偷袭珍珠港的后十天，我正在华盛顿作驻美大使，当然没有闲工夫写自传。我的六十岁生日（民国四十年，十二月十七）正当大陆沦陷[①]

---

①编者注：此处表现了胡适个人政治立场，读者应正确理解。

的第三年，正当韩战的第二年，我当然没有写个人自传的情绪。

在抗战之前，亚东图书馆曾把我留学美国的七年日记排印出来，依我原题的书名，叫做《藏晖室札记》。这四册日记，在抗战胜利之后，改归商务印书馆出版，改题作《胡适留学日记》。这是我留学时代的自传原料。《逼上梁山》一篇，写文学革命运动的原起就是根据留学日记的资料写的。

今年我回到台北，我的朋友卢逮曾先生同他的夫人劝我把《四十自述》六篇在台湾排印出版，加上《逼上梁山》一篇，仍题作《四十自述》。他们的好意，使这几篇试写的自传居然有一部“自由中国”版，这是我很感谢的。我在六十年前，曾随我的先父，先母，到台南，台东，住了差不多两年。甲午中日战事发生时，我们一家都在台东。今年又是“甲午”了，我把这一部台湾版的《自述》献给“自由中国”的青年朋友。

1954年2月26夜　胡适记于台北

序　幕

我的母亲的订婚

一

太子会[1]是我们家乡秋天最热闹的神会，但这一年的太子会却使许多人失望。

神伞一队过去了。都不过是本村各家的绫伞，没有什么新鲜花样。去年大家都说，恒有绸缎庄预备了一顶珍珠伞。因为怕三先生说话，故今年他家不敢拿出来。

昆腔今年有四队，总算不寂寞。昆腔子弟都穿着“半截长衫”，上身是白竹布，下半是湖色杭绸。每人小手指上挂着湘妃竹柄的小纨扇，吹唱时纨扇垂在笙笛下面摇摆着。

扮戏今年有六出，都是“正戏”，没有一出花旦戏。这也是三先生的主意。后村的子弟本来要扮一出《翠屏山》，也因为怕三先生说话，改了《长坂坡》。其实七月的日光底下，甘糜二夫人脸上的粉已被汗洗光了，就有潘巧云也不会怎样特别出色。不过看会的人的心里总觉得后村很漂亮的小棣没有扮潘巧云的机会，只扮作了糜夫人，未免太可惜了。

今年最扫兴的是没有扮戏的“抬阁”。后村的人早就练好了两架“抬阁”，一架是《龙虎斗》，一架是《小上坟》。不料三先生今年回家过会场，他说抬阁太高了，小孩子热天受不了暑气，万一跌下来，不是小事体。他极力阻止，抬阁就扮不成了。

粗乐和昆腔一队一队的过去了。扮戏一出一出的过去了。接着便是太子的神轿。路旁的观众带着小孩的，都喊道，“拜呵！拜呵！”许多

---

①太子会是皖南很普遍的神会，据说太子神是唐朝安史乱时保障江淮的张巡许远。何以称“太子”，现在还没有满意的解释。

胡传（1841—1895），字铁花，号钝夫，胡适的父亲，晚清绩溪三奇士之一。以文官兼武职，在巩固海防等方面多有建树。

穿着白地蓝花布褂的男女小孩都合掌拜揖。

神轿的后面便是拜香的人！有的穿着夏布长衫，捧着炷香；有的穿着短衣，拿着香炉挂，炉里烧着檀香。还有一些许愿更重的，今天来“吊香”还愿；他们上身穿白布褂，扎着朱青布裙，远望去不容易分别男女。他们把香炉吊在铜钩上，把钩子钩在手腕肉里，涂上香灰，便可不流血。今年吊香的人很多，有的只吊在左手腕上，有的双手都吊；有的只吊一个小香炉，有的一只手腕上吊着两个香炉。他们都是虔诚还愿的人，悬着挂香炉的手腕，跟着神轿走多少里路，虽然有自家人跟着打扇，但也有半途中暑热走不动的。

★

冯顺弟搀着她的兄弟，跟着她的姑妈，站在路边石磴上看会。她今年十四岁了。家在十里外的中屯，有个姑妈嫁在上庄，今年轮着上庄做会，故她的姑丈家接她姊弟来看会。

她是个农家女子，从贫苦的经验里得着不少的知识，故虽是十四岁的女孩儿，却很有成人的见识。她站在路旁听着旁人批评今年的神会，句句总带着三先生。“三先生今年在家过会，可把会弄糟了。”“可不是呢？抬阁也没有了。”“三先生还没有到家，八都的鸦片烟馆都关门了，赌场也都不敢开了。七月会场上没有赌场，又没有烟灯，这是多年没有的事。”

看会的人，你一句，他一句，顺弟都听在心里。她心想，三先生必是一个了不得的人，能叫赌场烟馆不敢开门。

会过完了，大家纷纷散了。忽然她听见有人低声说，“三先生来了！”她抬起头来，只见路上的人都纷纷让开一条路；只听见许多人都叫“三先生”。

前面走来了两个人。一个高大的中年人，面容紫黑，有点短须，两眼有威光，令人不敢正眼看他；他穿着苎布大袖短衫，苎布大脚管的裤子，脚下穿着苎布鞋子，手里拿着一杆旱烟管。和他同行的是一个老年人，瘦瘦身材，花白胡子，也穿着短衣，拿着旱烟管。

顺弟的姑妈低低说，“那个黑面的，是三先生；那边是月吉先生，他的学堂就在我们家的前面。听人说三先生在北边做官，走过了万里长城，还走了几十日，都是没有人烟的地方，冬天冻杀人，夏天热杀人；冬天冻塌鼻子，夏天蚊虫有苍蝇那么大。三先生肯吃苦，不怕日头不怕风，在万里长城外住了几年，把脸晒的像包龙图一样。”

这时候，三先生和月吉先生已走到她们面前，他们站住说了一句话，三先生独自下坡去了；月吉先生却走过来招呼顺弟的姑妈，和她们同行回去。

月吉先生见了顺弟，便问道，“灿嫂，这是你家金灶舅的小孩子吗？”

“是的。顺弟，诚厚，叫声月吉先生。”

月吉先生一眼看见了顺弟脑后的发辫，不觉喊道，“灿嫂，你看这姑娘的头发一直拖到地！这是贵相！是贵相！许了人家没有？”

这一问把顺弟羞的满脸绯红，她牵着她弟弟的手往前飞跑，也不顾她姑妈了。

她姑妈一面喊，“不要跌了！”回头对月吉先生说：“还不曾许人家。这孩子很稳重，很懂事。我家金灶哥总想许个好好人家，所以今年十四岁了，还不曾许人家。”

月吉先生说，“你开一个八字给我，我给她排排看。你不要忘了。”

他到了自家门口，还回过头来说：“不要忘记，叫灿哥抄个八字给我。”

二

顺弟在上庄过了会场，她姑丈送她姊弟回中屯去。七月里天气热，日子又长，他们到日头快落山时才起身，走了十里路，到家时天还没全黑。

顺弟的母亲刚牵了牛进栏，见了他们，忙着款待姑丈过夜。

“爸爸还没有回来吗？”顺弟问。

“姊姊，我们去接他。”姊姊和弟弟不等母亲回话，都出去了。

他们到了村口，远远望见他们的父亲挑着一担石头进村来。他们赶上去喊着爸爸，姊姊弟弟每人从挑子里拿了一块石头，捧着跟他走。他挑到他家的旧屋基上，把石子倒下去，自己跳下去，把石子铺平，才上来挑起空担回家去。

顺弟问，“这是第三担了吗？”

她父亲点点头，只问他们看的会好不好，戏好不好，一同回家去。

★

顺弟的父亲姓冯，小名金灶。他家历代务农，辛辛苦苦挣起了一点点小产业，居然有几亩自家的田，一所自家的屋。金灶十三四岁的时候，长毛贼[1]到了徽州，中屯是绩溪北乡的大路，整个村子被长毛烧成平地。金灶的一家老幼都被杀了，只剩他一人，被长毛掳去。长毛军中的小头目看这个小孩子有气力，能吃苦，就把他脸上刺了"太平天国"四个蓝字，叫他不能逃走。军中有裁缝，见这个孩子可怜，收他做徒弟，叫他跟着学裁缝。金灶学了一手好裁缝，在长毛营里混了几年，从绩溪到宁国、广德，居然被他逃走出来。但因为面上刺了字，捉住他的人可以请赏，所以他不敢白日露面。他每日躲在破屋场里，挨到夜间，才敢赶路。他吃了种种困苦，好容易回到家乡，只寻得一片焦土，几座焦墙，一村的丁壮留剩的不过二三十人。

金灶是个肯努力的少年，他回家之后，寻出自家的荒田，努力耕种。有余力就帮人家种田，做裁缝。不上十年，他居然修葺了村里一间未烧完的砖屋，娶了一个妻子。夫妻都能苦做苦吃，渐渐有了点积蓄，渐渐挣起了一个小小的家庭。

他们头胎生下一个女儿。在那大乱之后，女儿是不受欢迎的，所以她的名字叫做顺弟，取个下胎生个弟弟的吉兆。隔了好几年，果然生了一个儿子，他们都很欢喜。

金灶为人最忠厚；他的裁缝手艺在附近村中常有雇主，人都说他诚实勤谨。外村的人都尊敬他，叫他金灶官。

但金灶有一桩最大的心愿，他总想重建他祖上传下来、被长毛烧了的老屋。他一家人都被杀完了，剩下他这一个人，他觉得天留他一个人是为中兴他的祖业的。他立下了一个誓愿：要在老屋基上建造起一所更大又更讲究的新屋。

---

①编者注：此处表现了胡适个人的立场，读者应正确理解。

他费了不少工夫，把老屋基扒开，把烧残砖瓦拆扫干净，准备重新垫起一片高地基，好在上面起造一所高爽干燥的新屋。他每日天未明就起来了；天刚亮，就到村口溪头去拣选石子，挑一大担回来，铺垫地基。来回挑了三担之后，他才下田去做工；到了晚上歇工时，他又去挑三担石子，才吃晚饭。农忙过后，他出村帮人家做裁缝，每天也要先挑三担石子，才去上工；晚间吃了饭回来，又要挑三担石子，才肯休息。

这是他的日常功课，家中的妻子女儿都知道他的心愿，女流们不能帮他挑石头，又不能劝他休息，劝他也没有用处。有时候，他实在疲乏了，挑完石子回家，倒在竹椅上吸旱烟，眼望着十几岁的女儿和几岁的儿子，微微叹一口气。

顺弟已是懂事的了，她看见她父亲这样辛苦做工，她心里好不难过。她常常自恨不是个男子，不能代她父亲下溪头去挑石头。她只能每日早晚到村口去接她父亲，从他的担子里捧出一两块石头来，拿到屋基上，也算是分担了他的一点辛苦。

眼看屋基渐渐垫高了，但砖瓦木料却全没有着落。高敞的新屋还只存在她一家人的梦里。顺弟有时做梦，梦见她是个男子，做了官回家看父母，新屋早已造好了，她就在黑漆的大门外下轿。下轿来又好像做官的不是她，是她兄弟。

三

这一年，顺弟十七岁了。

一天的下午，金灶在三里外的张家店做裁缝，忽然走进了一个中年妇人，叫声“金灶舅”。他认得她是上庄的星五嫂，她娘家离中屯不远，所以他从小认得她。她是三先生的伯母，她的丈夫星五先生也是八都的有名绅士，所以人都叫她“星五先生娘”。

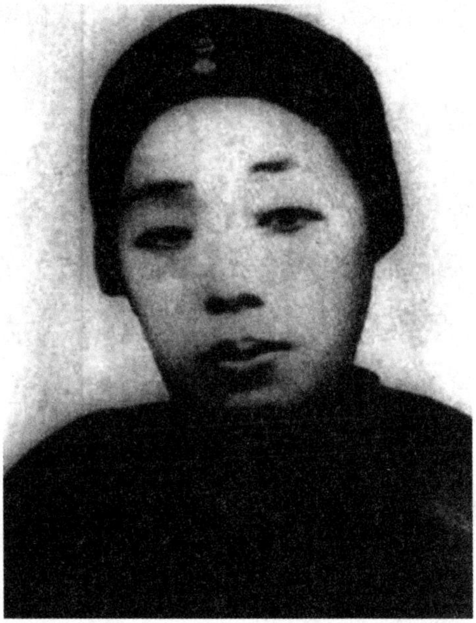

冯顺弟（1873—1918），胡适的母亲，胡适父亲的第三任妻子。胡传逝世时，冯顺弟年仅23岁。此后，胡适与母亲一起生活，母亲对胡适悉心教育，对胡适一生影响至深。

金灶招呼她坐下。她开口道："巧极了，我本打算到中屯看你去，走到了张家店，才知道你在这里做活。巧极了。金灶舅，我来寻你，是想开你家顺弟的八字。"

金灶问是谁家。

星五先生娘说："就是我家大侄儿三哥。"

"三先生？"

"是的，三哥今年四十七，前头讨的七都的玉环，死了十多年了。玉环生下了儿女一大堆——三个儿子，三个女——现在都长大了。不过他在外头做官，没有个家眷，实在不方便。所以他写信来家，要我们给他定一头亲事。"

金灶说："我们种田人家的女儿那配做官太太？这件事不用提。"

星五先生娘说："我家三哥有点怪脾气。他今年写信回来说，一定要讨一个做庄稼人家的女儿。""什么道理呢？""他说，做庄稼人家的人身体好，不会像玉环那样痨病鬼。他又说，庄稼人家晓得艰苦。"

金灶说："这件事不会成功的。一来呢，我们配不上做官人家。二来，我家女人一定不肯把女儿给人做填房。三来，三先生家的儿女都大了，他家大儿子大女儿都比顺弟大好几岁，这样人家的晚娘是不容易做的。这个八字不用开了。”

星五先生娘说：“你不要客气，顺弟很稳重，是个有福气的人。金灶舅，你莫怪我直言，顺弟今年十七岁了，眼睛一映，二十岁到头上，你那里去寻一个青头郎？填房有什么不好？三哥的信上说了，新人过了门，他就要带上任去。家里的儿女，大女儿出嫁了；大儿子今年做亲，留在家里；二女儿是从小给了人家了；三女儿也留在家里。将来在任上只有两个双胞胎的十五岁小孩子，他们又都在学堂里。这个家也没有什么难照应。”

金灶是个老实人，他也明白她的话有驳不倒的道理。家乡风俗，女儿十三四岁总得定亲了。十七八岁的姑娘总是做填房的居多。他们夫妇因为疼爱顺弟，总想许个念书人家，所以把她耽误了。这是他们做父母的说不出的心事。所以他今天很有点踌躇。

星五先生娘见他踌躇，又说道：“金灶舅，你不用多心。你回去问问金灶舅母，开个八字。我今天回娘家去，明朝我来取。八字对不对，辰肖合不合，谁也不知道。开个八字总不妨事。”

金灶一想，开个八字诚然不妨事，他就答应了。

★

这一天，他从张家店回家，顺弟带了弟弟放牛去了，还没有回来。他放下针线包和熨斗，便在门里板凳上坐下来吸旱烟。他的妻子见他有心事的样子，忙过来问他。他把星五嫂的话对她说了。

她听了大生气，忙问，“你不曾答应她开八字？”

他说，“我说要回家商量商量。不过开个八字给他家，也不妨事。”

她说，“不行。我不肯把女儿许给快五十岁的老头子。他家儿女一大堆，这个晚娘不好做。做官的人家看不起我们庄户人家的女儿，将来让人家把女儿欺负煞，谁家来替我们伸冤？我不开八字。”

他慢吞吞地说，“顺弟今年十七岁了，许人家也不容易。三先生是个好人。——”

她更生气了，“是的，都是我的不是。我不该心高，耽误了女儿的终身。女儿没人家要了，你就想送给人家做填房，做晚娘。做填房也可以，三先生家可不行。他家是做官人家，将来人家一定说我们贪图人家有势力，把女儿卖了，想换个做官的女婿。我背不起这个恶名。别人家都行，三先生家我不肯。女儿没人家要，我养她一世”。

他们夫妻吵了一场，后来金灶说，“不要吵了。这是顺弟自家的事，吃了夜饭，我们问问她自己。好不好？”她也答应了。

晚饭后，顺弟看着兄弟睡下，回到菜油灯下做鞋。金灶开口说，“顺弟，你母亲有句话要问你”。

顺弟抬起头来，问妈有什么话。她妈说，“你爸爸有话问你，不要朝我身上推。”

顺弟看她妈有点气，不知道是怎么一回事，只好问爸爸。她爸对她说，“上庄三先生要讨个填房，他家今天叫人来开你的八字。你妈嫌他年纪太大，四十七岁了，比你大三十岁，家中又有一大堆儿女。晚娘不容易做，我们怕将来害了你一世，所以要问问你自己。”

他把今天星五嫂的话说了一遍。

顺弟早已低下头去做针线，半晌不肯开口。她妈也不开口。她爸也不说话了。

顺弟虽不开口，心里却在那儿思想。她好像闭了眼睛，看见她的父亲在天刚亮的时候挑着一大担石头进村来；看见那大块屋基上堆着他一担一担的挑来的石头；看见她父亲晚上坐在黑影地里沉思叹气。一会儿，她又仿佛看见她做了官回来，在新屋的大门口下轿。一会儿，她的眼前又仿佛现出了那紫黑面孔，两眼射出威光的三先生。……

她心里这样想：这是她帮她父母的机会到了。做填房可以多接聘金。前妻儿女多，又是做官人家，聘金财礼总应该更好看点。她将来总还可以帮她父母的忙。她父亲一生梦想的新屋总可以成功。……三先生是个好人，人人都敬重他，只有开赌场烟场馆的人怕他恨他。……

她母亲说话的声音打断了她的思想。她妈说，“对了我们，有什么话不好说？你说吧！”

顺弟抬起眼睛来，见她爸妈都望着她自己。她低下头去，红着脸说道：“只要你们俩都说他是个好人，请你们俩作主。”她接着又加上一句话，“男人家四十七岁也不能算是年纪大。”

她爸叹了一口气。她妈可气的跳起来了，忿忿的说，“好呵！你想做官太太了！好罢！听你情愿吧！”

顺弟听了这句话，又羞又气，手里的鞋面落在地上，眼泪直滚下来。她拾起鞋面，一声不响，走到她房里去哭了。

★

经过了这一番家庭会议之后，顺弟的妈明白她女儿是愿意的了，她可不明白她情愿卖身来帮助爹妈的苦心，所以她不指望这门亲事成功。

胡适自称此像神似母亲。

她怕开了八字去，万一辰肖相合，就难回绝了；万一八字不合，旁人也许要笑她家高攀不上做官人家。她打定主意，要开一张假八字给媒人拿去。第二天早晨，她到祠堂蒙馆去，请先生开一个庚帖，故意错报了一天生日，又错报了一个时辰。先生翻开《万年历》，把甲子查明写好，她拿回去交给金灶。

那天下午，星五先生娘到张家拿到了庚帖，高兴得很。回到了上庄，她就去寻着月吉先生，请他把三先生和她的八字排排看。

月吉先生看了八字，问是谁家女儿。

“中屯金灶官家的顺弟。”

月吉先生说，“这个八字开错了。小村乡的蒙馆先生连官本（俗称历书为官本）也不会查，把八个字抄错了四个字。”

星五先生娘说，“你怎么知道八字开错了？”

月吉先生说，“我算过她的八字，所以记得。大前年村里七月会，我看见这女孩子，她不是灿嫂的侄女吗？圆圆面孔，有一点雀斑，头发很长，是吗？面貌并不美，倒稳重得很，不像个庄稼人家的孩子。我那时问灿嫂讨了她的八字来算算看。我算过的八字，三五年不会忘记的。”

他抽开书桌的抽屉，寻出一张字条来，说，“可不是呢？在这里了。”他提起笔来，把庚帖上的八字改正，又把三先生的写出。他排了一会，对星五先生娘说，“八字是对的，不用再去对了。星五嫂，你的眼力不差，这个人配得上三哥。相貌是小事，八字也是小事，金灶官家的规矩好。你明天就去开礼单。三哥那边，我自己写信去。”

★

过了两天，星五先生娘到了中屯，问金灶官开“礼单”。她埋怨道，“你们村上的先生不中用，把八字开错了，几几乎误了事。”

金灶嫂心里明白，问谁说八字开错了的。星五先生娘一五一十的把月吉先生的话说了。金灶夫妻很诧异，他们都说，这是前世注定的姻缘。金灶嫂现在也不反对了。他们答应开礼单，叫她隔几天来取。

★

冯顺弟就是我的母亲，三先生就是我的父亲铁花先生。在我父亲的日记上，有这样几段记载：

[光绪十五年（一八八九）二月]十六日，行五十里，抵家。……

二十一日，遣媒人订约于冯姓，择定三月十二日迎娶。……

三月十一日，遣舆诣七都中屯迎娶冯氏。

十二日，冯氏至。行合卺礼。谒庙。

十三日，十四日，宴客。……

四月初六日，往中屯，叩见岳丈岳母。

初七日，由中屯归。……

五月初九日，起程赴沪，天雨，行五十五里，宿旌之新桥。

十九，六，廿六

第一章

九年的家乡教育

一

我生在光绪十七年十一月十七日（一八九一年十二月十七），那时候我家寄住在上海大东门外。我生后两个月，我父亲被台湾巡抚邵友濂调往台湾；江苏巡抚奏请免调，没有效果。我父亲于十八年二月底到台湾，我母亲和我搬到川沙住了一年。十九年（一八九二）二月二十六日我们一家（我母，四叔介如，二哥嗣秬，三哥嗣秠）也从上海到台湾。我们在台南住了十个月。十九年五月，我父亲做台东直隶州知州，兼统镇海后军各营。台东是新设的州，一切草创，故我父不能带家眷去。到十九年底，我们才到台东。我们在台东住了整一年。

胡适夫妇合影。

甲午（一八九四）中日战争开始，台湾也在备战的区域，恰好介如四叔来台湾，我父亲便托他把家眷送回徽州故乡，只留二哥嗣秬跟着他在台东。我们于乙未年（一八九五）正月离开台湾，二月初十日从上海起程回绩溪故乡。

那年四月，中日和议成，把台湾割让给日本。台湾绅民反对割台，要求巡抚唐景崧坚守。唐景崧请西洋各国出来干涉，各国不允。台人公请唐为台湾民主国大总统，帮办军务刘永福为主军大总统。我父亲在台东办后山的防务，电报已不通，饷源已断绝。那时他已得脚气病，左脚已不能行动。他守到闰五月初三日，始离开后山。到安平时，刘永福苦苦留他帮忙，不肯放行。到六月廿五日，他双脚都不能动了，刘永福始放他行。六月二十八日到厦门，手足俱不能动了。七月初三日他死在厦门，成为东亚第一个民主国的第一个牺牲者！

这时候我只有三岁零八个月。我仿佛记得我父亲死信到家时，我母亲正在家中老屋的前堂，她坐在房门口的椅子上。她听见读信人读到我父亲的死信，身子往后一倒，连椅子倒在房门槛上。东边房门口坐的珍伯母也放声大哭起来，一时满屋都是哭声，我只觉得天地都翻覆了！我只仿佛记得这一点凄惨的情状，其余都不记得了。

二

我父亲死时，我母亲只有二十三岁。我父初娶冯氏，结婚不久便遭太平天国之乱，同治二年（一八六三）死在兵乱里。次娶曹氏，生了三个儿子，三个女儿，死于光绪四年（一八七八）。我父亲因家贫，又有志远游，故久不续娶。到光绪十五年（一八八九），他在江苏候补，生活稍稍安定，才续娶我的母亲。我母亲结婚后三天，我的大哥嗣稼也娶亲了。那时我的大姊已出嫁生了儿子。大姊比我母亲大七岁。大哥比她大两岁。二姊是从小抱给人家的。三姊比我母亲小三岁，二哥三哥（孪生的）比她小四岁。这样一个家庭里忽然来了一个十七岁的后母，她的地位自然十分困难，她的生活自然免不了苦痛。

结婚后不久，我父亲把她接到了上海同住。她脱离了大家庭的痛苦，我父又很爱她，每日在百忙中教她认字读书，这几年的生活是很快乐的。我小时也很得我父亲钟爱，不满三岁时，他就把教我母亲的红纸方字教我认。父亲作教师，母亲便在旁作助教。我认的是生字，她便借此温她的熟字。他太忙时，她就是代理教师。我们离开台湾时，她认得了近千字，我也认得了七百多字。这些方字都是我父亲亲手写的楷字，我母亲终身保存着，因为这些方块红笺上都是我们三个人的最神圣的团居生活的记念。

我母亲二十三岁就做了寡妇，从此以后，又过了二十三年。这二十三年的生活真是十分苦痛的生活，只因为还有我这一点骨血，她含辛茹苦，把全副希望寄托在我的渺茫不可知的将来，这一点希望居然使她挣扎着活了二十三年。

我父亲在临死之前两个多月，写了几张遗嘱，我母亲和四个儿子每人各有一张，每张只有几句话。给我母亲的遗嘱上说穈（mén）儿（我的名字叫嗣穈，穈字音门）天资颇聪明，应该令他读书。给我的遗嘱也教我努力读书上进。这寥寥几句话在我的一生很有重大的影响。我十一岁的时候，二哥和三哥都在家，有一天我母亲向他们道："穈今年十一岁了。你老子叫他念书。你们看看他念书念得出吗？"二哥不曾开口，三哥冷笑道："哼，念书！"二哥始终没有说什么。我母亲忍气坐了一会，回到了房里才敢掉眼泪。她不敢得罪他们，因为一家的财政权全在二哥的手里，我若出门求学是要靠他供给学费的。所以她只能掉眼泪，终不敢哭。

但父亲的遗嘱究竟是父亲的遗嘱，我是应该念书的。况且我小时候很聪明，四乡的人都知道三先生的小儿子是能够念书的。所以隔了两年，三哥往上海医肺病，我就跟他出门求学了。

三

我在台湾时，大病了半年，故身体很弱。回家乡时，我号称五岁了，还不能跨一个七八寸高的门槛。但我母亲望我念书的心很切，故到家的时候，我才满三岁零几个月，就在我四叔父介如先生（名玠）的学堂里读书了。我的身体太小，他们抱我坐在一只高凳子上面。我坐上了就爬不下来，还要别人抱下来。但我在学堂并不算最低级的学生，因为我进学堂之前已认得近一千字了。

因为我的程度不算“破蒙”的学生，故我不须念《三字经》《千字文》《百家姓》《神童诗》一类的书。我念的第一部书是我父亲自己编的一部四言韵文，叫做《学为人诗》，他亲笔抄写了给我的。这部书说的是做人的道理。我把开头几行抄在这里：

为人之道，在率其性。

子臣弟友，循理之正；

谨乎庸言，勉乎庸行；

以学为人，以期作圣。

以下分说五伦。最后三节，因为可以代表我父亲的思想，我也抄在这里：

五常之中，不幸有变，

名分攸关，不容稍紊。

义之所在，身可以殉。

求仁得仁，无所尤怨。

古之学者，察于人伦，

因亲及亲，九族克敦；

因爱推爱，万物同仁。

能尽其性，斯为圣人。

经籍所载，师儒所述，
为人之道，非有他术：
穷理致知，返躬践实，
黾勉于学，守道勿失。

我念的第二部书也是我父亲编的一部四言韵文，名叫《原学》，是一部略述哲理的书。这两部书虽是韵文，先生仍讲不了，我也懂不了。

我念的第三部书叫做《律诗六抄》，我不记是谁选的了。三十多年来，我不曾重见这部书，故没有机会考出此书的编者；依我的猜测，似是姚鼐的选本，但我不敢坚持此说。这一册诗全是律诗，我读了虽不懂得，却背的很熟。至今回忆，却完全不记得了。

我虽不曾读《三字经》等书，却因为听惯了别的小孩子高声诵读，我也能背这些书的一部分，尤其是那五七言的《神童诗》，我差不多能从头背到底。这本书后面的七言句子，如：

人心曲曲湾湾水，
世事重重叠叠山。

我当时虽不懂得其中的意义，却常常嘴上爱念着玩，大概也是因为喜欢那些重字双声的缘故。

★

我念的第四部书以下，除了《诗经》，就都是散文的了。我依诵读的次序，把这些书名写在下面：

（4）《孝经》。

（5）朱子的《小学》，江永集注本。

（6）《论语》。以下四书皆用朱子注本。

（7）《孟子》。

（8）《大学》与《中庸》（《四书》皆连注文读）。

（9）《诗经》，朱子集传本（注文读一部分）。

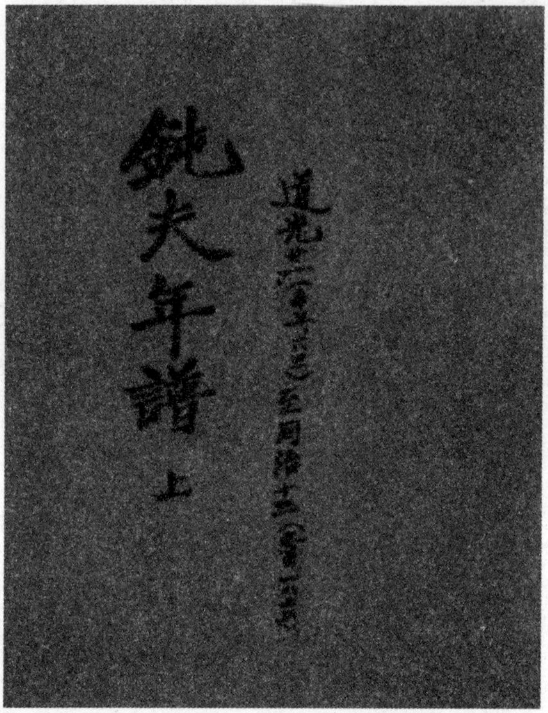

胡传自撰了四卷《钝夫年谱》，胡适于1930年抄校完毕。这是首次刊行的《钝夫年谱》。

（10）《书经》，蔡沈注本（以下三书不读注文）。

（11）《易经》，朱子《本义》本。

（12）《礼记》，陈澔注本。

读到了《论语》的下半部，我的四叔父选了颍州府阜阳县的训导，要上任去了，就把家塾移交给族兄禹臣先生（名观象）。四叔是个绅董，常常被本族或外村请出去议事或和案子；他又喜欢打纸牌（徽州纸牌，每副一百五十五张），常常被明达叔公，映基叔，祝封叔，茂张叔等人邀出去打牌。所以我们的功课很松，四叔往往在出门之前，给我们"上一进书"，叫我们自己念；他到天将黑时，回来一趟，把我们的习字纸加了圈，放了学，才又出门去。

四叔的学堂里只有两个学生，一个是我，一个是四叔的儿子嗣秫，比我大几岁。嗣秫承继给瑜婶（星五伯公的二子，珍伯瑜叔，皆无子，我家三哥承继珍伯，秫哥承继瑜婶），她很溺爱他，不肯管束他，故四叔一走开，秫哥就溜到灶下或后堂去玩了。（他们和四叔住一屋，学堂在这屋的东边小屋内。）我的母亲管的严厉，我又不大觉得念书是苦事，故我一个人坐在学堂里温书念书，到天黑才回家。

禹臣先生接受家塾后，学生就增多了。先是五个，后来添到十多个，四叔家的小屋不够用了，就移到一所大屋——名叫来新书屋——里去。最初添的三个学生，有两个是守瓒叔的儿子，嗣昭，嗣逵。嗣昭比我大两三岁。天资不算笨，却不爱读书，最爱"逃学"，我们土话叫做"赖学"。他逃出去，往往躲在麦田或稻田里，宁可睡在田里挨饿，却不愿念书。先生往往差嗣秫去捉；有时候，嗣昭被捉回来了，总得挨一顿毒打；有时候，连嗣秫也不回来了——乐得不回来了，因为这是"奉命差遣"，不算是逃学！

我常觉得奇怪，为什么嗣昭要逃学？为什么一个人情愿挨饿，挨打，挨大家笑骂，而不情愿念书？后来我稍懂得世事，才明白了。瓒叔自小在江西做生意，后来在九江开布店，才娶妻生子；一家人都说江西话，回家乡时，嗣昭弟兄都不容易改口音；说话改了，而嗣昭念书常带江西音，常常因此吃戒方或吃"作瘤栗"（钩起五指，打在头上，常打起瘤子，故叫做"作瘤栗"）。这是先生不原谅，难怪他不愿念书。

还有一个原因。我们家乡的蒙馆学金太轻，每个学生每年只送两块银元。先生对于这一类学生，自然不肯耐心教书，每天只教他们念死书，背死书，从来不肯为他们"讲书"。小学生初念有韵的书，也还不十分叫苦。后来念《幼学琼林》《四书》一类的散文，他们自然毫不觉得有趣味，因为全不懂得书中说的是什么。因为这个缘故，许多学生常常赖学；先有嗣昭，后来有个士祥，都是有名的"赖学胚"。他们都属于这每年两元钱的阶级。因为逃学，先生生了气，打的更利害。越打的利害，他们越要逃学。

我一个人不属于这"两元"的阶级。我母亲渴望我读书，故学金特别优厚，第一年就送六块钱，以后每年增加，最后一年加到十二元。这样的学金，在家乡要算"打破纪录"的了。我母亲大概是受了我父亲的叮嘱，她嘱托四叔和禹臣先生为我“讲书”：每读一字，须讲一字的意思；每读一句，须讲一句的意思。我先已认得了近千个“方字”，每个字都经过父母的讲解，故进学堂之后，不觉得艰苦。念的几本书虽然有许多是乡里先生讲不明白的，但每天总遇着几句可懂的话。我最喜欢朱子《小学》里的记述古人行事的部分，因为那些部分最容易懂得，所以比较最有趣味。同学之中有念《幼学琼林》的，我常常帮他们的忙，教他们不认得的生字，因此常常借这些书看；他们念大字，我却最爱看《幼学琼林》的小注，因为注文中有许多神话和故事，比《四书》《五经》有趣味多了。

有一天，一件小事使我忽然明白我母亲增加学金的大恩惠。一个同学的母亲来请禹臣先生代写家信给她的丈夫；信写成了，先生交她的儿子带回家去。一会儿，先生出门去了，这位同学把家信抽出来偷看。他忽然过来问我道：“穈，这信上第一句‘父亲大人膝下’是什么意思？”他比我只小一岁，也念过《四书》，却不懂“父亲大人膝下”是什么！这时候，我才明白我是一个受特别待遇的人，因为别人每年出两块钱，我去年却送十块钱。我一生最得力的是讲书，父亲母亲为我讲方字，两位先生为我讲书。念古文而不讲解，等于念“揭谛揭谛，波罗揭谛”，全无用处。

四

当我九岁时，有一天我在四叔家东边小屋里玩耍。这小屋前面是我们的学堂，后边有一间卧房，有客便住在这里。这一天没有课，我偶然走进那卧房里去，偶然看见桌子下一只美孚煤油板箱里的废纸堆中露出一本破书。我偶然捡起了这本书，两头都被老鼠咬坏了，书面也扯破了。但这一本破书忽然为我开辟了一个新天地，忽然在我的儿童生活史上打开了一个新鲜的世界！

这本破书原来是一本小字木板的《第五才子》，我记得很清楚，开始便是“李逵打死殷天锡”一回。我在戏台上早已认得李逵是谁了，便站在那只美孚破板箱边，把这本《水浒传》残本一口气看完了。不看尚可，看了之后，我的心里很不好过：这一本的前面是些什么？后面是些什么？这两个问题，我都不能回答，却最急要一个回答。

我拿了这本书去寻我的五叔，因为他最会“说笑话”（“说笑话”就是“讲故事”，小说书叫做“笑话书”），应该有这种笑话书。不料五叔竟没有这书，他叫我去寻宋焕哥。宋焕哥说，“我没有《第五才子》，我替你去借一部；我家中有部《第一才子》，你先拿去看，好吧？”《第一才子》便是《三国演义》，他很郑重的捧出来，我很高兴的捧回去。

后来我居然得着《水浒传》全部。《三国演义》也看完了。从此以后，我到处去借小说看。五叔，宋焕哥，都帮了我不少的忙。三姊夫（周绍瑾）在上海乡间周浦开店，他吸鸦片烟，最爱看小说书，带了不少回家乡；他每到我家来，总带些《正德皇帝下江南》《七剑十三侠》一类的书来送给我。这是我自己收藏小说的起点。我的大哥（嗣稼）最不长进，也是吃鸦片烟的，但鸦片烟灯是和小说书常作伴的——五叔，宋焕哥，三姊夫都是吸鸦片烟的——所以他也有一些小说书。大嫂认得一些字，嫁妆里带来了好几种弹词小说，如《双珠凤》之类。这些书不久都成了我的藏书的一部分。

三哥在家乡时多；他同二哥都进过梅溪书院，都做过南洋公学的师范生，旧学都有根柢，故三哥看小说很有选择。我在他书架上只寻得三部小说：一部《红楼梦》，一部《儒林外史》，一部《聊斋志异》。二哥有一次回家，带了一部新译出的《经国美谈》，讲的是希腊的爱国志士的故事，是日本人做的。这是我读外国小说的第一步。

帮助我借小说最出力的是族叔近仁，就是民国十二年和顾颉刚先生讨论古史的胡堇人。他比我大几岁，已“开笔”做文章了，十几岁就考取了秀才。我同他不同学堂，但常常相见，成了最要好的朋友。他天才很高，也肯用功，读书比我多，家中也颇有藏书。他看过的小说，常借给我看。我借到的小说，也常借给他看。我们两人各有一个小手折，把看过的小说都记在上面，时时交换比较，看谁看的书多。这两个折子后来都不见了，但我记得离开家乡时，我的折子上好像已有了三十多部小说了。

这里所谓“小说”，包括弹词，传奇，以及笔记小说在内。《双珠凤》在内，《琵琶记》也在内；《聊斋》《夜雨秋灯录》《夜谭随笔》《兰苕馆外史》《寄园寄所寄》《虞初新志》等等也在内。从《薛仁贵征东》《薛丁山征西》《五虎平西》《粉妆楼》一类最无意义的小说，到《红楼梦》和《儒林外史》一类的第一流作品，这里面的程度已是天悬地隔了。我到离开家乡时，还不能了解《红楼梦》和《儒林外史》的好处。但这一大类都是白话小说，我在不知不觉之中得了不少的白话散文的训练，在十几年后于我很有用处。

胡适的故乡安徽省绩溪县上庄村。

看小说还有一桩绝大的好处，就是帮助我把文字弄通顺了。那时正是废八股时文的时代，科举制度本身也动摇了。二哥三哥在上海受了时代思潮的影响，所以不要我“开笔”做八股文，也不要我学做策论经义。他们只要先生给我讲书，教我读书。但学堂里念的书，越到后来，越不好懂了。《诗经》起初还好懂，读到《大雅》，就难懂了；读到《周颂》，更不可懂了。《书经》有几篇，如《五子之歌》，我读的很起劲；但《盘庚》三篇，我总读不熟。我在学堂九年，只有《盘庚》害我挨了一次打。后来隔了十多年，我才知道《尚书》有今文和古文两大类，向来学者都说古文诸篇是假的，今文是真的；《盘庚》属于今文一类，应该是真的。但我研究《盘庚》用的代名词最杂乱不成条理，故我总疑心这三篇书是后人假造的。有时候，我自己想，我的怀疑《盘庚》，也许暗中含有报那一个“作瘤栗”的仇恨的意味罢？

《周颂》《尚书》《周易》等书都是不能帮助我作通顺文字的。但小说书却给了我绝大的帮助。从《三国演义》读到《聊斋志异》和《虞初新志》，这一跳虽然跳的太远，但因为书中的故事实在有趣味，所以我能细细读下去。石印本的《聊斋志异》有圈点，所以更容易读。到我十二三岁时，已能对本家姊妹们讲说《聊斋》故事了。那时候，四叔的女儿巧菊，禹臣先生的妹子广菊多菊，祝封叔的女儿杏仙，和本家侄女翠苹定娇等，都在十五六岁之间；她们常常邀我去，请我讲故事。我们平常请五叔讲故事时，忙着替他点火，装旱烟，替他捶背。现在轮到我受人巴结了。我不用人装烟捶背，她们听我说完故事，总去泡炒米，或做蛋炒饭来请我吃。她们绣花做鞋，我讲《凤仙》《莲香》《张鸿渐》《江城》。这样的讲书，逼我把古文的故事翻译成绩溪土话，使我更了解古文的文理。所以我到十四岁来上海开始作古文时，就能做很像样的文字了。

五

我小时身体弱，不能跟着野蛮的孩子们一块儿玩。我母亲也不准我和他们乱跑乱跳。小时不曾养成活泼游戏的习惯，无论在什么地方，我总是文绉绉地。所以家乡老辈都说我“像个先生样子”，遂叫我做“穈先生”。这个绰号叫出去之后，人都知道三先生的小儿子叫做穈先生了。既有“先生”之名，我不能不装出点“先生”样子，更不能跟着顽童们“野”了。有一天，我在我家八字门口和一班孩子“掷铜钱”，一位老辈走过，见了我，笑道：“穈先生也掷铜钱吗？”我听了羞愧的面红耳热，觉得大失了“先生”的身份！

大人们鼓励我装先生样子，我也没有嬉戏的能力和习惯，又因为我确是喜欢看书，所以我一生可算是不曾享过儿童游戏的生活。每年秋天，我的庶祖母同我到田里去“监割”（顶好的田，水旱无忧，收成最好，佃户每约田主来监割，打下谷子，两家平分），我总是坐在小树下看小说。十一二岁时，我稍活泼一点，居然和一群同学组织了一个戏剧班，做了一些木刀竹枪，借得了几副假胡须，就在村田里做戏。我做的往往是诸葛亮、刘备一类的文角儿；只有一次我做史文恭，被花荣一箭从椅子上射倒下去，这算是我最活泼的玩意儿了。

我在这九年（一八九五至一九〇四）之中，只学得了读书写字两件事。在文字和思想（看下章）的方面，不能不算是打了一点底子。但别的方面都没有发展的机会。有一次我们村里“当朋”（八都凡五村，称为“五朋”，每年一村轮着做太子会，名为“当朋”）筹备太子会，有人提议要派我加入前村的昆腔队里学习吹笙或吹笛。族里长辈反对，说我年纪太小，不能跟着太子会走遍五朋。于是我失掉了这学习音乐的唯一机会。三十年来，我不曾拿过乐器，也全不懂音乐；究竟我有没有一点学音乐的天资，我至今还不知道。至于学图画，更是不可能的事。我常常用竹纸蒙在小说书的石印绘像上，摹画书上的英雄美人。有一天，被先生看见了，挨了一顿大骂，抽屉里的图画都被搜出撕毁了。于是我又失掉了学做画家的机会。

但这九年的生活，除了读书看书之外，究竟给了我一点做人的训练。在这一点上，我的恩师就是我的慈母。

每天天刚亮时，我母亲就把我喊醒，叫我披衣坐起。我从不知道她醒来坐了多久了。她看我清醒了，才对我说昨天我做错了什么事，说错了什么话，要我认错，要我用功读书。有时候她对我说父亲的种种好处，她说："你总要踏上你老子的脚步。我一生只晓得这一个完全的人，你要学他，不要跌他的股。"（跌股便是丢脸，出丑）她说到伤心处，往往掉下泪来。到天大明时，她才把我的衣服穿好，催我去上早学。学堂门上的锁匙放在先生家里；我先到学堂门口一望，便跑到先生家里去敲门。先生家里有人把锁匙从门缝里递出来，我拿了跑回去，开了门，坐下念生书。十天之中，总有八九天我是第一个去开学堂门的。等到先生来了，我背了生书，才回家吃早饭。

我母亲管束我最严，她是慈母兼任严父。但她从来不在别人面前骂我一句，打我一下。我做错了事，她只对我一望，我看见了她的严厉眼光，就吓住了。犯的事小，她等到第二天早晨我眼醒时才教训我。犯的事大，她等到晚上人静时，关了房门，先责备我，然后行罚，或跪罚，或拧我的肉。无论怎样重罚，总不许我哭出声音来。她教训儿子不是借此出气叫别人听的。

有一个初秋的傍晚，我吃了晚饭，在门口玩，身上只穿着一件单背心。这时候我母亲的妹子玉英姨母在我家住，她怕我冷了，拿了一件小衫出来叫我穿上。我不肯穿，她说："穿上吧，凉了。"我随口回答："娘（凉）什么！老子都不老子呀。"我刚说了这句话，一抬头，看见母亲从家里走出，我赶快把小衫穿上。但她已听见这句轻薄的话了。晚上人静后，她罚我跪下，重重的责罚了一顿。她说："你没了老子，是多么得意的事！好用来说嘴！"她气的坐着发抖，也不许我上床去睡。我跪着哭，用手擦眼泪，不知擦进了什么微菌，后来足足害了一年多的眼翳病。医来医去，总医不好。我母亲心里又悔又急，听说眼翳可以用舌头舔去，有一夜她把我叫醒，她真用舌头舔我的病眼。这是我的严师，我的慈母。

★

我母亲二十三岁做了寡妇，又是当家的后母。这种生活的痛苦，我的笨笔写不出一万分之一二。家中财政本不宽裕，全靠二哥在上海经营调度。大哥从小就是败子，吸鸦片烟，赌博，钱到手就光，光了就回家打主意，见了香炉就拿出去卖，捞着锡茶壶就拿出去押。我母亲几次邀了本家长辈来，给他定下每月用费的数目。但他总不够用，到处都欠下烟债赌债。每年除夕我家中总有一大群讨债的，每人一盏灯笼，坐在大厅上不肯去。大哥早已避出去了。大厅的两排椅子上满满的都是灯笼和债主。我母亲走进走出，料理年夜饭，谢灶神，压岁钱等事，只当做不曾看见这一群人。到了近半夜，快要“封门”了，我母亲才走后门出去，央一位邻舍本家到我家来，每一家债户开发一点钱。做好做歹的，这一群讨债的才一个一个提着灯笼走出去。一会儿，大哥敲门回来了。我母亲从不骂他一句。并且因为是新年，她脸上从不露出一点怒色。这样的过年，我过了六七次。

大嫂是个最无能而又最不懂事的人，二嫂是个很能干而气量很窄小的人。她们常常闹意见，只因为我母亲的和气榜样，她们还不曾有公然相骂相打的事。她们闹气时，只是不说话，不答话，把脸放下来，叫人难看；二嫂生气时，脸色变青，更是怕人。她们对我母亲闹气时，也是如此。我起初全不懂得这一套，后来也渐渐懂得看人的脸色了。我渐渐明白，世间最可厌恶的事莫如一张生气的脸；世间最下流的事莫如把生气的脸摆给旁人看。这比打骂还难受。

我母亲的气量大，性子好，又因为做了后母后婆，她更事事留心，事事格外容忍。大哥的女儿比我只小一岁，她的饮食衣料总是和我

1948年胡适一家摄于北平。

的一样。我和她有小争执，总是我吃亏，母亲总是责备我，要我事事让她。后来大嫂二嫂都生了儿子了，她们生气时便打骂孩子来出气，一面打，一面用尖刻有刺的话骂给别人听。我母亲只装做不听见。有时候，她实在忍不住了，便悄悄走出门去，或到左邻立大嫂家去坐一会，或走后门到后邻度嫂家去闲谈。她从不和两个嫂子吵一句嘴。

每个嫂子一生气，往往十天半个月不歇，天天走进走出，板着脸，咬着嘴，打骂小孩子出气。我母亲只忍耐着，忍到实在不可再忍的一天，她也有她的法子。这一天的天明时，她就不起床，轻轻的哭一场。她不骂一个人，只哭她的丈夫，哭她自己苦命，留不住她丈夫来照管她。她先哭时，声音很低，渐渐哭出声来。我醒了起来劝她，她不肯住。这时候，我总听见前堂（二嫂住前堂东房）或后堂（大嫂住后堂西房）有一扇房门开了，一个嫂子走出房向厨房走去。不多一会，那位嫂子来敲我们的房门了。我开了房门，她走进来，捧着一碗热茶，送到我母亲床前，劝她止哭，请她喝口热茶。我母亲慢慢停住哭声，伸手接了茶碗。那位嫂子站着劝一会，才退出去。没有一句话提到什么人，也没有一个字提到这十天半个月来的气脸，然而各人心里明白，泡茶进来的嫂子总是那十天半个月来闹气的人。奇怪的很，这一哭之后，至少有一两个月的太平清静日子。

我母亲待人最仁慈，最温和，从来没有一句伤人感情的话。但她有时候也很有刚气，不受一点人格上的侮辱。我家五叔是个无正业的浪人，有一天在烟馆里发牢骚，说我母亲家中有事总请某人帮忙，大概总有什么好处给他。这句话传到了我母亲耳朵里，她气的大哭，请了几位本家来，把五叔喊来，她当面质问他她给了某人什么好处。直到五叔当众认错赔罪，她才罢休。

我在我母亲的教训之下住了九年，受了她的极大深刻的影响。我十四岁（其实只有十二岁零两三个月）就离开她了，在这广漠的人海里独自混了二十多年，没有一个人管束过我。如果我学得了一丝一毫的好脾气，如果我学得了一点点待人接物的和气，如果我能宽恕人，体谅人——我都得感谢我的慈母。

十九，十一，廿一夜

第二章

从拜神到无神

一

纷纷歌舞赛蛇虫，

酒醴牲牢告洁丰。

果有神灵来护佑，

天寒何故不临工？

这是我父亲在郑州办河工时（光绪十四年，一八八八年）做的十首《郑工合龙纪事诗》的一首。他自己有注道：

“霜雪既降，凡俗所谓‘大王’‘将军’化身临工者皆绝迹不复见矣。”

“大土”“将军”都是祀典里的河神；河工区域内的水蛇虾蟆，往往被认为大王或将军的化身，往往享受最隆重的祠祭礼拜。河上是何等大事，而国家的治河官吏不能不向水蛇虾蟆磕头乞怜，真是一个民族的最大耻辱。我父亲这首诗不但公然指斥这种迷信，并且用了一个很浅近的证据，证明这种迷信的荒诞可笑。这一点最可表现我父亲的思想的倾向。

我父亲不曾受过近世自然科学的洗礼，但他很受了程颐朱熹一系的理学的影响。理学家因袭了古代的自然主义的宇宙观，用“气”和“理”两个基本观念来解释宇宙，敢说“天即理也”“鬼神者，二气（阴阳）之良能也”。这种思想，虽有不彻底的地方，很可以破除不少的迷信。况且程朱一系极力提倡“格物穷理”，教人“即物而穷其理”，这就是近世科学的态度。我父亲做的《原学》，开端便说：

天地氤氲，万物化生。

这是采纳了理学家的自然主义的宇宙观。他做的《学为人诗》的结论是：

为人之道，非有他术：

穷理致知，反躬践实，

黾勉于学，守道勿失。

这是接受了程朱一系格物穷理的治学态度。

这些话都是我四五岁时就念熟了的。先生怎样讲解，我记不得了；我当时大概完全不懂得这些话的意义。我父亲死得太早，我离开他时，还只是三岁小孩，所以我完全不曾受着他的思想的直接影响。他留给我的，大概有两方面：一方面是遗传，因为我是“我父亲的儿子”。一方面是他留下了一点程朱理学的遗风：我小时跟着四叔念朱子的《小学》，就是理学的遗风；四叔家和我家的大门上都贴着“僧道无缘”的条子，也就是理学家庭的一个招牌。

我记得我家新屋大门上的“僧道无缘”条子，从大红色褪到粉红，又渐渐变成了淡白色，后来竟完全剥落了。我家中的女眷都是深信神佛的。我父亲死后，四叔又上任做学官去了，家中的女眷就自由拜神佛了。女眷的宗教领袖是星五伯娘，她到了晚年，吃了长斋，拜佛念经，四叔和三哥（是她过继的孙子）都不能劝阻她，后来又添上了二哥的丈母，也是吃长斋念佛的，她常来我家中住。这两位老太婆做了好朋友，常劝诱家中的几房女眷信佛。家中人有病痛，往往请她们念经许愿还愿。

二哥的丈母颇认得字，带来了《玉历钞传》《妙庄王经》一类的善书，常给我们讲说目连救母游地府，妙庄王的公主（观音）出家修行等等故事。我把她带来的书都看了，又在戏台上看了《观音娘娘出家》全本连台戏，所以脑子里装满了地狱的惨酷景象。

后来三哥得了肺痨病，生了几个孩子都不曾养大。星五伯娘常为三哥拜神佛，许愿，甚至于招集和尚在家中放焰口超度冤魂。三哥自己不肯参加行礼，伯娘常叫我去代替三哥跪拜行礼。我自己幼年身体也很虚弱，多病痛，所以我母亲也常请伯娘带我去烧香拜佛。依家乡的风俗，我母亲也曾把我许在观音菩萨座下做弟子，还给我取了一个佛名，上一字是个“观”字，下一字我忘了。我母亲爱我心切，时时教我拜佛拜神总须诚心敬礼。每年她同我上外婆家去，十里路上所过庙宇路亭，凡有神佛之处，她总教我拜揖。有一年我害肚痛，眼睛里又起翳，她代我许愿：病好之后亲自到古塘山观音菩萨座前烧香还愿。后来我病好了，她亲自跟伯娘带了我去朝拜古塘山。山路很难走，她的脚是终年疼的，但她为了儿子，步行朝山，上山时走几步便须坐下歇息，却总不说一声苦痛。我这时候自然也是很诚心的跟着她们礼拜。

我母亲盼望我读书成名，所以常常叮嘱我每天要拜孔夫子。禹臣先生学堂壁上挂着一幅朱印石刻的吴道子画的孔子像，我们每晚放学时总得对他拜一个揖。我到大姊家去拜年，看见了外甥章砚香（比我大几岁）供着一个孔夫子神龛，是用大纸匣子做的，用红纸剪的神位，用火柴盒子做的祭桌，桌子上贴着金纸剪的香炉烛台和供献，神龛外边贴着

胡适与长子胡祖望、媳妇曾淑昭、孙子胡夏在一起。

许多红纸金纸的圣庙匾额对联，写着“德配天地，道冠古今”一类的句子。我看了这神龛，心里好生羡慕，回到家里，也造了一座小庙。我在家中寻到了一只燕窝匣子，做了圣庙大庭；又把匣子中间挖空一方块，用一只小匣子糊上去，做了圣庙的内堂，堂上也设了祭桌，神位，香炉，烛台等等。我在两厢又添设了颜渊子路一班圣门弟子的神位，也都有小祭桌。我借得了一部《联语类编》，抄出了许多圣庙联匾句子，都用金银锡箔做成匾对，请近仁叔写了贴上。这一座孔庙很费了我不少的心思。我母亲见我这样敬礼孔夫子，她十分高兴，给我一张小桌子专供这神龛，并且给我一个铜香炉；每逢初一和十五，她总教我焚香敬礼。

这座小神庙，因为我母亲的加意保存，到我二十七岁从外国回家时，还不曾毁坏。但我的宗教虔诚却早已摧毁破坏了。我在十一二岁时便已变成了一个无神论者。

二

有一天，我正在温习朱子的《小学》，念到了一段司马温公的家训，其中有论地狱的话，说：

形既朽灭，神亦飘散，虽有剉烧舂磨，亦无所施。……

我重读了这几句话，忽然高兴的直跳起来。《目连救母》《玉历钞传》等书里的地狱惨状，都呈现在我眼前，但我觉得都不怕了。放焰口的和尚陈设在祭坛上的十殿阎王的画像，和十八层地狱的种种牛头马面用钢叉把罪人叉上刀山，叉下油锅，抛下奈何桥去喂饿狗毒蛇——这种种惨状也都呈现在我眼前，但我现在觉得都不怕了。我再三念这句话：“形既朽灭，神亦飘散，虽有剉烧舂磨，亦无所施。”我心里很高兴，真像地藏王菩萨把锡杖一指，打开地狱门了。

这件事我记不清在哪一年了，大概在十一岁时。这时候，我已能够自己看古文书了。禹臣先生教我看《纲鉴易知录》，后来又教我改看《御批通鉴辑览》。《易知录》有句读，故我不觉吃力。《通鉴辑览》须我自己用朱笔点读，故读的很迟缓。有一次二哥从上海回来，见我看《御批通鉴辑览》，他不赞成；他对禹臣先生说，不如看《资治通鉴》。于是我就点读《资治通鉴》了。这是我研究中国史的第一步。我不久便很喜欢这一类历史书，并且感觉朝代帝王年号的难记，就想编一部《历代帝王年号歌诀》！近仁叔很鼓励我做此事，我真动手编这部七字句的历史歌诀了。此稿已遗失了，我已不记得这件野心工作编到了那一朝代。但这也可算是我的整理国故的破土工作。可是谁也想不到司马光的《资治通鉴》竟会大大的影响我的宗教信仰，竟会使我变成一个无神论者。

有一天，我读到《资治通鉴》第一三六卷，有一段范缜（齐梁时代人，死时约在西历五一〇年）反对佛教的故事，说：

缜著《神灭论》，以为“形者神之质，神者形之用也。神之于形，犹利之于刀。未闻刀没而利存，岂容形亡而神在哉？”此论出，朝野喧哗，难之，终不能屈。

我先已读司马光论地狱的话了，所以我读了这一段议论，觉得非常明白，非常有理。司马光的话教我不信地狱，范缜的话使我更进一步，就走了无鬼神的路。范缜用了一个譬喻，说形和神的关系就像刀子和刀口的锋利一样；没有刀子，便没有刀子的“快”了；那么，没有形体，还能有神魂吗？这个譬喻是很浅显的，恰恰合一个初开知识的小孩子的程度，所以我越想越觉得范缜说的有道理。司马光引了这三十五个字的《神灭论》，居然把我脑子里的无数鬼神都赶跑了。从此以后，我不知不觉的成了一个无鬼无神的人。

我那时并不知道范缜的《神灭论》全文载在《梁书》（卷四八）里，也不知道当时许多人驳他的文章保存在《弘明集》里。我只读了这三十五个字，就换了一个人。大概司马光也受了范缜的影响，所以有“形既朽灭，神亦飘散”的议论；大概他感谢范缜，故他编《通鉴》

1914年胡适摄于美国绮色佳。

时，硬把《神灭论》摘了最精彩的一段，插入他的不朽的历史里。他决想不到，八百年后这三十五个字竟感悟了一个十二岁的小孩子，竟影响了他一生的思想。

《通鉴》又记述范缜和竟陵王萧子良讨论“因果”的事，这一段在我的思想上也发生了很大的影响。原文如下：

子良笃好释氏，招致名僧，讲论佛法。道俗之盛，江左未有。或亲为众僧赋食行水，世颇以为失宰相体。

范缜盛称无佛。子良曰，“君不信因果，何得有富贵贫贱？”缜曰，“人生如树花同发，随风而散，或拂帘幌，坠茵席之上；或关篱墙，落粪溷之中。坠茵席者，殿下是也。落粪溷者，下官是也。贵贱虽复殊途，因果竟在何处？”子良无以难。

这一段议论也只是一个譬喻，但我当时读了只觉得他说的明白有理，就熟读了记在心里。我当时实在还不能了解范缜的议论的哲学意义。他主张一种“偶然论”，用来破坏佛教的果报轮回说。我小时听惯了佛家果报轮回的教训，最怕来世变猪变狗，忽然看见了范缜不信因果的譬喻，我心里非常高兴，胆子就大的多了。他和司马光的神灭论教我不怕地狱；他的无因果论教我不怕轮回。我喜欢他们的话，因为他们教我不怕。我信服他们的话，因为他们教我不怕。

三

我的思想经过了这回解放之后，就不能虔诚拜神拜佛了。但我在我母亲面前，还不敢公然说出不信鬼神的议论。她叫我上分祠里去拜祖宗，或去烧香还愿，我总不敢不去，满心里的不愿意，我终不敢让她知道。

我十三岁的正月里，到大姊家去拜年，住了几天，到十五日早晨，才和外甥砚香回我家去看灯。他家的一个长工挑着新年糕饼等物事，跟着我们走。

半路上到了中屯外婆家，我们进去歇脚，吃了点心，又继续前进。中屯村口有个三门亭，供着几个神像。我们走进亭子，我指着神像对砚香说，“这里没有人看见，我们来把这几个烂泥菩萨拆下来抛到茅厕里去，好吗？”

这样突然主张毁坏神像，把我的外甥吓住了。他虽然听我说过无鬼无神的话，却不曾想到我会在这路亭里提议实行捣毁神像。他的长工忙劝阻我道：“麇舅，菩萨是不能得罪的。”我听了这话，更不高兴，偏要拾石子去掷神像。恰好村子里有人下来了，砚香和那长工就把我劝走了。

我们到了我家中，我母亲煮面给我们吃，我刚吃了几筷子，听见门外锣鼓响，便放下面，跑出去看舞狮子了。这一天来看灯的客多，家中人都忙着照料客人，谁也不来管我吃了多少面，我陪着客人出去玩，也就忘了肚子饿了。

晚上陪客人吃饭，我也喝了一两杯烧酒。酒到了饿肚子里，有点作怪。晚饭后，我跑出大门外，被风一吹，我有点醉了，便喊道："月亮，月亮，下来看灯！"别人家的孩子也跟着喊，"月亮，月亮，下来看灯！"

门外的喊声被屋里人听见了，我母亲叫人来唤我回去。我怕她责怪，就跑出去了。来人追上去，我跑的更快。有人对我母亲说，我今晚上喝了烧酒，怕是醉了。我母亲自己出来唤我，这时候我已被人追回来了。但跑多了，我真有点醉了，就和他们抵抗，不肯回家。母亲抱住我，我仍喊着要月亮下来看灯。许多人围拢来看，我仗着人多，嘴里仍旧乱喊。母亲把我拖进房里，一群人拥进房来看。

这时候，那位跟我们来的章家长工走到我母亲身边，低低的说："外婆（他跟着我的外甥称呼），麇舅今夜怕不是吃醉了吧？今天我们从中屯出来，路过三门亭，麇舅要把那几个菩萨拖下来丢到茅厕里去。他今夜嘴里乱说话，怕是得罪了神道，神道怪下来了。"

这几句话，他低低的说，我靠在母亲怀里，全听见了。我心里正怕喝醉了酒，母亲要责罚我；现在我听了长工的话，忽然想出了一条妙计。我想："我胡闹，母亲要打我；菩萨胡闹，她不会责怪菩萨。"于是我就闹的更凶，说了许多疯话，好像真有鬼神附在我身上一样！

我母亲着急了，叫砚香来问，砚香也说我日里的确得罪了神道。母亲就叫别人来抱住我，她自己去洗手焚香，向空中祷告三门亭的神道，说我年小无知，触犯了神道，但求神道宽洪大量，不计较小孩子的罪过，宽恕了我。我们将来一定亲到三门亭去烧香还愿。

这时候，邻舍都来看我，挤满了一屋子的人，有些妇女提着"火箒"（徽州人冬天用瓦垆装炭火，外面用篾丝作篮子，可以随身携带，名为火箒），房间里闷热的很。我热的脸都红了，真有点像醉人。

忽然门外有人来报信，说，"龙灯来了，龙灯来了！"男男女女都往外跑，都想赶到十字街口去等候看灯。一会儿，一屋子的人都散完了，只剩下我和母亲两个人。房里的闷热也消除了，我也疲倦了，就不知不觉的睡着了。

母亲许的愿好像是灵应了。第二天，她教训了我一场，说我不应该瞎说，更不应该在神道面前瞎说。但她不曾责罚我，我心里高兴，万想不到我的责罚却在一个月之后。

过了一个月，母亲同我上中屯外婆家去。她拿出钱来，在外婆家办了猪头供献，备了香烛纸钱，她请我母舅领我到三门亭里去谢神还愿。我母舅是个虔诚的人，他恭恭敬敬的摆好供献，点起香烛，陪着我跪拜谢神。我忍住笑，恭恭敬敬的行了礼——心里只怪我自己当日扯谎时，不曾想到这样比挨打还更难为情的责罚！

直到我二十七岁回家时，我才敢对母亲说那一年元宵节，附在我身上胡闹的不是三门亭的神道，只是我自己。母亲也笑了。

十九，十二，廿五　在北京

第三章

在上海（一）

一

光绪甲辰年（一九〇四）的春天，三哥的肺病已到了很危险的时期，他决定到上海去医治。我母亲也决定叫我跟他到上海去上学。那时我名为十四岁，其实只有十二岁有零。这一次我和母亲分别之后，十四年之中，我只回家三次，和她在一块的时候还不满六个月。她只有我一个人，只因为爱我太深，望我太切，所以她硬起心肠，送我向远地去求学。临别的时候，她装出很高兴的样子，不曾掉一滴眼泪。我就这样出门去了，向那不可知的人海里，去寻求我自己的教育和生活——孤零零的一个小孩子，所有的防身之具只是一个慈母的爱，一点点用功的习惯，和一点点怀疑的倾向。

1922年胡适摄于北京。

我在上海住了六年（一九〇四至一九一〇），换了四个学校（梅溪学堂，澄衷学堂，中国公学，中国新公学）。这是我一生的第二个阶段。

★

我父亲生平最佩服一个朋友——上海张焕纶先生（字经甫）。张先生是提倡新教育最早的人，他自己办了一个梅溪书院，后来改做梅溪学堂。二哥三哥都在梅溪书院住过，所以我到了上海也就进了梅溪学堂，我只见过张焕纶先生一次，不久他就死了。现在谈中国教育史的人，很少能知道这一位新教育的老先锋了。他死了二十二年之后，我在巴黎见着赵诒琇先生（字颂南，无锡人），他是张先生的得意学生，他说他在梅溪书院很久，最佩服张先生的人格，受他的感化最深。他说，张先生教人的宗旨只是一句话："千万不要仅仅做个自了汉。"我在巴黎乡间的草地上，听着赵先生谈话，想着赵先生夫妇的刻苦生活和奋斗精神——这时候，我心里想：张先生的一句话影响了他的一个学生的一生，张先生的教育事业不算是失败。

张焕纶（1846—1904），出生于书香门第，上海第一所近代小学——梅溪书院的创始人。张焕纶与胡传私交深厚，是胡传生前最佩服的一个朋友。

梅溪学堂的课程是很不完备的，只有国文，算学，英文三项。分班的标准是国文程度。英文算学的程度虽好，国文不到头班，仍不能毕业。国文到了头班，英文算学还很幼稚，却可以毕业。这个办法虽然不算顶好，但这和当时教会学堂的偏重英文，都是过渡时代的特别情形。

我初到上海的时候，全不懂上海话。进学堂拜见张先生时，我穿着蓝呢的夹袍，绛色呢大袖马褂，完全是个乡下人。许多小学生围拢来看我这乡下人。因为我不懂话，又不曾“开笔”做文章，所以暂时编在第五班，差不多是最低的一班。班上读的是文明书局的《蒙学读本》，英文班上用《华英初阶》，算学班上用《笔算算学》。

我是读了许多古书的，现在读《蒙学读本》，自然毫不费力，所以有功夫专读英文算学。这样过了六个星期。到了第四十二天，我的机会来了。教《蒙学读本》的沈先生大概也瞧不起这样浅近的书，更料不到这班小孩子里面有人起来驳正他的错误。这一天，他讲的一课书里有这样一段引语：

传曰，二人同心，其利断金。同心之言，其臭如兰。

沈先生随口说这是《左传》上的话。我那时已勉强能说几句上海话了，等他讲完之后，我拿看书，走到他的桌边，低声对他说，这个“传曰”是《易经》的《系辞传》，不是《左传》。先生脸红了，说：“侬读过《易经》？”我说读过。他又问，“阿曾读过别样经书？”我说读过《诗经》《书经》《礼记》。他问我做过文章没有，我说没有做过。他说，“我出个题目，拨侬做做试试看。”他出了“孝弟说”三个字，我回到座位上，勉强写了一百多字，交给先生看。他看了对我说：“侬跟我来。”我卷了书包，跟他下楼走到前厅。前厅上东面是头班，西面是二班。沈先生到二班课堂上，对教员顾先生说了一些话，顾先生就叫我坐在末一排的桌子上。我才知道我一天之中升了四班，居然做第二班的学生了。

可是我正在欢喜的时候，抬头一看，就得发愁了。这一天是星期四，是作文的日子。黑板上写着两个题目：

论题：原日本之所由强。

经义题：古之为关也将以御暴，今之为关也将以为暴。

我从来不知道“经义”是怎样做的，所以想都不敢去想他。可是日本在天南地北，我还不很清楚，这个“原日本之所由强”又从那里说起呢？既不敢去问先生，班上同学又没有一个熟人，我心里颇怪沈先生太卤莽，不应该把我升得这么高，这么快。

忽然学堂的茶房走到厅上来，对先生说了几句话，呈上一张字条，先生看了字条，对我说，我家中有要紧事，派了人来领我回家，卷子可以带回去做，下星期四交卷。我正在着急，听了先生的话，抄了题目，逃出课堂，赶到门房，才知道三哥病危，二哥在汉口没有回来，店里（我家那时在上海南市开一个公义油栈）的管事慌了，所以派人来领我回去。

我赶到店里，三哥还能说话。但不到几个钟头，他就死了，死时他的头还靠在我手腕上。第三天，二哥从汉口赶到。丧事办了之后，我把升班的事告诉二哥，并且问他“原日本之所由强”一个题目应该参考一些什么书。二哥检了《明治维新三十年史》，壬寅《新民丛报汇编》……一类的书，装了一大篮，叫我带回学堂去翻看。费了几天的功夫，才勉强凑了一篇论说交进去。不久我也会做经义了。几个月之后，我居然算是头班学生了，但英文还不曾读完《华英初阶》，算学还只做到“利息”。

这一年梅溪学堂改为梅溪小学，年底要办毕业第一班。我们听说学堂里要送张在贞、王言、郑璋和我四个人到上海道衙门去考试。我和王郑三人都不愿意去考试，都不等到考试日期，就离开学堂了。

为什么我们不愿受上海道的考试呢？这一年之中，我们都经过了思想上的一种激烈变动，都自命为“新人物”了。二哥给我的一大篮子的“新书”，其中很多是梁启超先生一派人的著述；这时代是梁先生的文章最有势力的时代，他虽不曾明白提倡种族革命，却在一班少年人的脑海里种下了不少革命种子。有一天，王言君借来了一本邹容的《革命军》，我们几个人传观，都很受感动。借来的书是要还人的，所以我们到了晚上，等舍监查夜过去之后，偷偷起来点着蜡烛，轮流抄了一本《革命军》。正在传抄《革命军》的少年，怎肯投到官厅去考试呢？

这一年是日俄战争的第一年，上海的报纸上每天登着很详细的战争新闻，爱看报的少年学生都感觉绝大的兴奋。这时候中国的舆论和民众心理都表同情于日本，都痛恨俄国，又都痛恨清政府的宣告中立。仇俄的心理增加了不少排满的心理。这一年，上海发生了几件刺激人心的案子。一件是革命党万福华在租界内枪击前广西巡抚王之春，因为王之春从前是个联俄派。一件是上海黄浦滩上一个宁波木匠周生有，被一个俄国水兵无故砍杀。这两件事都引起上海报社的注意；尤其是那年新出现的《时报》，天天用简短沉痛的时评替周生有喊冤，攻击上海的官厅。我们少年人初读这种短评，没有一个不受刺激的。周生有案的判决使许多人失望。我和王言、郑璋三个人都恨极了上海道袁海观，所以联合写了一封长信去痛骂他。这封信是匿名的，但我们总觉得不愿意去受他的考试。所以我们三个人都离开梅溪学堂了。（王言是黟县人，后来不知下落了；郑璋是潮阳人，后改名仲诚，毕业于复旦，不久病死。）

二

我进的第二个学堂是澄衷学堂。这学堂是宁波富商叶成忠先生创办的，原来的目的是教育宁波的贫寒子弟；后来规模稍大，渐渐成了上海一个有名的私立学校，来学的人便不限止于宁波人了。这时候的监督是章一山先生，总教是白振民先生。白先生和我二哥是同学，他看见了我在梅溪作的文字，劝我进澄衷学堂。光绪乙巳年（一九〇五），我就进了澄衷学堂。

澄衷学堂是沪上国人创办时间最早、声名最盛的近代新式学校。胡适在此求学将近一年半，阅读了大量宣传新思想的书籍，并积极参加各种进步社团的活动，思想发生了很大变化。

澄衷共有十二班，课堂分东西两排，最高一班称为东一斋，第二班为西一斋，以下直到西六斋。这时候还没有严格规定的学制，也没有什么中学小学的分别。用现在的名称来分，可算前六班为中学，其余六班为小学。澄衷的学科比较完全多了，国文、英文、算学之外，还有物理、化学、博物、图画诸科。分班略依各科的平均程度，但英文，算学程度过低的都不能入高班。

我初进澄衷时，因英文、算学太低，被编在东三斋（第五班）。下半年便升入东二斋（第三班），第二年（丙午，一九〇六）又升入西一斋（第二班）。澄衷管理很严，每月有月考，每半年有大考，月考大考都出榜公布，考前三名的有奖品。我的考试成绩常常在第一，故一年升了四班。我在这一年半之中，最有进步的是英文、算学。教英文的谢昌熙先生，陈诗豪先生，张镜人先生，教算学的郁耀卿先生，都给了我很多的益处。

我这时候对于算学最感兴趣，常常在宿舍熄灯之后，起来演习算学问题。卧房里没有桌子，我想出一个法子来，把蜡烛放在帐子外床架上，我伏在被窝里，仰起头来，把石板放在枕头上做算题。因为下半年就要跳过一班，所以我须要自己补习代数。我买了一部丁福保先生编的代数书，在一个夏天把初等代数习完了，下半年安然升班。

这样的用功，睡眠不够，就影响到身体的健康，有一个时期，我的两只耳朵几乎全聋了。但后来身体渐渐复原，耳朵也不聋了。我小时身体多病，出门之后，逐渐强健。重要的原因我想是因为我在梅溪和澄衷两年半之中从来不曾缺一点钟体操的功课。我从来没有加入竞赛的运动，但我上体操，总很用气力做种种动作。

澄衷的教员之中，我受杨千里先生（天骥）的影响最大。我在东三斋时，他是西二斋的国文教员，人都说他思想很新。我去看他，他很鼓励我，在我的作文稿本上题了"言论自由"四个字。后来我在东二斋和西一斋，他都做过国文教员。有一次，他教我们班上买吴汝纶删节的严复译本《天演论》来做读本，这是我第一次读《天演论》，高兴的很。他出的作文题目也很特别，有一次的题目是"物竞天择，适者生存，试

1924年11月由上海亚东图书馆出版的《胡适文存二集》。

申其义”（我的一篇，前几年澄衷校长曹锡爵先生和现在的校长葛祖兰先生曾在旧课卷内寻出，至今还保存在校内）。这种题目自然不是我们十几岁小孩子能发挥的，但读《天演论》，做“物竞天择”的文章，都可以代表那个时代的风气。

《天演论》出版之后，不上几年，便风行全国，竟做了中学生的读物了。读这书的人，很少能了解赫胥黎在科学史和思想史上的贡献。他们能了解的只是那“优胜劣败”的公式在国际政治上的意义。在中国屡次战败之后，在庚子辛丑大耻辱之后，这个“优胜劣败，适者生存”的公式确是一种当头棒喝，给了无数人一种绝大的刺激。几年之中，这种思想像野火一样，延烧着许多少年人的心和血，“天演”“物竞”“淘汰”“天择”等等术语，都渐渐成了报纸文章的熟语，渐渐成了一班爱国志士的“口头禅”。还有许多人爱用这种名词做自己或儿女的名字。陈炯明不是号竞存吗？我有两个同学，一个叫孙竞存，一个叫杨天择。我自己的名字也是这种风气底下的纪念品。我在学堂里的名字是胡洪骍。有一天的早晨，我请我二哥代我想一个表字，二哥一面洗脸，一面说：“就用‘物竞天择，适者生存’的‘适’字，好不好？”我很高兴，就用“适之”二字（二哥字绍之，三哥字振之）。后来我发表文字，偶然用“胡适”作笔名，直到考试留美官费时（一九一〇）我才正式用胡适的名字。

我在澄衷一年半，看了一些课外的书籍。严复译的《群己权界论》，像是在这时代读的。严先生的文字太古雅，所以少年人受他的影响没有梁启超的影响大。梁先生的文章，明白晓畅之中，带着浓挚的热情，使读的人不能不跟着他走，不能不跟着他想。有时候，我们跟他走到一点上，还想往前走，他却打住了，或是换了方向走了。在这种时候，我们不免感觉一点失望。但这种失望也正是他的大恩惠。因为他尽了他的能力，把我们带到了一个境界，原指望我们感觉不满足，原指望我们更朝前走。跟着他走，我们固然得感谢他；他引起了我们的好奇心，指着一个未知的世界叫我们自己去探寻，我们更得感谢他。

我个人受了梁先生无穷的恩惠。现在追想起来，有两点最分明。第一是他的《新民说》，第二是他的《中国学术思想变迁之大势》。梁先生自号“中国之新民”，又号“新民子”，他的杂志也叫做《新民丛报》，可见他的全部心思贯注在这一点。“新民”的意义是要改造中国的民族，要把这老大的病夫民族，改造成一个新鲜活泼的民族。他说：

> 未有四肢已断，五脏已瘵，筋脉已伤，血轮已涸，而身犹能存者；则亦未有其民愚陋怯弱涣散混浊而国犹能立者……苟有新民，何患无新制度，无新政府，无新国家！
>
> ——《新民说》叙论

他的根本主张是：

> 吾思之，吾重思之，今日中国群治之现象殆无一不当从根柢处摧陷廓清，除旧而布新者也。
>
> ——《新民议》

说的更沉痛一点：

> 然则救危亡求进步之道将奈何？曰，必取数千年横暴混浊之政体，破碎而齑粉之，使数千万如虎如狼如蝗如蝻如蜮如蛆之官吏失其社鼠城狐之凭藉，然后能涤荡肠胃以上于进步之途也！必取数千年腐败柔媚之学说，廓清而辞辟之，使数百万如蠹鱼如鹦鹉如水母如畜犬之学子毋得摇笔弄舌舞文嚼字，为民贼之后援，然后能一新耳目以行进步之实也！而其所以达此目的之方法有二：一曰无血之破坏，二曰有血之破坏。……中国如能为无血之破坏乎？吾馨香而祝之。中国如不能不为有血之破坏乎？吾衰绖而哀之。
>
> ——《新民说·论进步》

我们在那个时代读这样的文字，没有一个人不受他的震荡感动的。他在那个时代（我那时读的是他在壬寅癸卯做的文字）主张最激烈，态度最鲜明，感人的力量也最深刻。他很明白的提出一个革命的口号：

破坏亦破坏，不破坏亦破坏！（同上）

后来他虽然不坚持这个态度了，而许多少年人却冲上前去，不肯缩回来了。

《新民说》的最大贡献在于指出中国民族缺乏西洋民族的许多美德。梁先生很不客气的说：

五色人相比较，白人最优。以白人相比较，条顿人最优。以条顿人相比较，盎格鲁撒逊人最优。

——《叙论》

他指出我们所最缺乏而最须采补的是公德，是国家思想，是进取冒险，是权利思想，是自由，是自治，是进步，是自尊，是合群，是生利的能力，是毅力，是义务思想，是尚武，是私德，是政治能力。他在这十几篇文字里，抱着满腔的血诚，怀着无限的信心，用他那支“笔锋常带情感”的健笔，指挥那无数的历史例证，组织成那些能使人鼓舞，使人掉泪，使人感激奋发的文章。其中如《论毅力》等篇，我在二十五年后重读，还感觉到他的魔力。何况在我十几岁最容易受感动的时期呢？

《新民说》诸篇给我开辟了一个新世界，使我彻底相信中国之外还有很高等的民族，很高等的文化；《中国学术思想变迁之大势》也给我开辟了一个新世界，使我知道《四书》《五经》之外中国还有学术思想。梁先生分中国学术思想史为七个时代：

一、胚胎时代　春秋以前

二、全盛时代　春秋末及战国

三、儒学统一时代　两汉

四、老学时代　魏晋

五、佛学时代　南北朝，唐

六、儒佛混合时代　宋元明

七、衰落时代　近二百五十年

我们现在看这个分段，也许不能满意（梁先生自己后来也不满意，他在《清代学术概论》里，已不认近二五〇年为衰落时代了）。但在二十五年前，这是第一次用历史眼光整理中国旧学术思想，第一次给我们一个“学术史”的见解。所以我最爱读这篇文章。不幸梁先生做了几章之后，忽然停止了，使我大失所望。甲辰以后，我在《新民丛报》上见他续作此篇，我高兴极了。但我读了这篇长文，终感觉不少的失望。第一，他说“全盛时代”，说了几万字的绪论，却把“本论”（论诸家学说之根据及其长短得失）全搁下了，只注了一个“阙”字。他后来只补作了《子墨子学说》一篇，其余各家始终没有补。第二，“佛学时代”一章的本论一节也全没有做。第三，他把第六个时代（宋元明）整个搁起不提。这一学术思想史中间缺了三个最要紧的部分，使我眼巴巴的望了几年。我在那失望的时期，自己忽发野心，心想：“我将来若能替梁任公先生补作这几章缺了的中国学术思想史，岂不是很光荣的事业？”我越想越高兴，虽然不敢告诉人，却真打定主意做这件事了。

这一点野心就是我后来做《中国哲学史》的种子。我从那时候起，就留心读周秦诸子的书。我二哥劝我读朱子的《近思录》，这是我读理学书的第一部。梁先生的《德育鉴》和《节本明儒学案》，也是这个时期出来的。这些书引我去读宋明理学书，但我读的并不多，只读了王守仁的《传习录》和《正谊堂丛书》内的程朱语录。

我在澄衷的第二年，发起各斋组织“自治会”。有一次，我在自治会演说，题目是“论性”。我驳孟子性善的主张，也不赞成荀子的性恶说，我承认王阳明的性“无善无恶，可善可恶”是对的。我那时正读英文的《格致读本》（*The Science Readers*），懂得了一点点最浅近的科学知识，就搬出来应用了！孟子曾说：

人性之善也，犹水之就下也。人无有不善，水无有不下。

我说：孟子不懂得科学——我们在那时候还叫做“格致”——不知道水有保持水平的道理，又不知道地心吸力的道理。“水无有不下”，并非水性向下，只是地心吸力引他向下。吸力可以引他向下，高明的蓄水塔也可以使自来水管里的水向上。水无上无下，只保持他的水平，却

北京大学第二院大礼堂，胡适在北大任教时常在此处上课或演讲。

又可上可下，正像人性本无善无恶，却又可善可恶！

我这篇性论很受同学的欢迎，我也很得意，以为我真用科学证明告了王阳明的性论了！

我在澄衷只住了一年半，但英文和算学的基础都是在这里打下的。澄衷的好处在于管理的严肃，考试的认真。还有一桩好处，就是学校办事人真能注意到每个学生的功课和品行。白振民先生自己虽不教书，却认得个个学生，时时叫学生去问话。因为考试的成绩都有很详细的记录，故每个学生的能力都容易知道。天资高的学生，可以越级升两班；中等的可以半年升一班；下等的不升班，不升班就等于降半年了。这种编制和管理，是很可以供现在办中学的人参考的。

我在西一斋做了班长，不免有时和学校办事人冲突。有一次，为了班上一个同学被开除的事，我向白先生抗议无效，又写了一封长信去抗议。白先生悬牌责备我，记我大过一次。我虽知道白先生很爱护我，但我当时心里颇感觉不平，不愿继续在澄衷了。恰好夏间中国公学招考，有朋友劝我去考；考取之后，我就在暑假后（一九〇六年）搬进中国公学去了。

廿，三，十八　北京

第四章

在上海（二）

一

中国公学是因为光绪乙巳年（一九〇五）日本文部省颁布取缔中国留学生规则，我国的留日学生认为侮辱中国，其中一部分愤慨回国的人在上海创办的。当风潮最烈的时候，湖南陈天华投海自杀，勉励国人努力救国，一时人心大震动，所以回国的很多。回国之后，大家主张在国内办一个公立的大学。乙巳十二月中，十三省的代表全体会决议，定名为“中国公学”。次年（丙午，一九〇六）春天在上海新靶子路黄板桥北租屋开学。但这时候反对取缔规则的风潮已渐渐松懈了，许多官费生多回去复学了。上海那时还是一个眼界很小的商埠，看见中国公学里许多剪发洋装的少年人自己办学堂，都认为是奇怪的事。政府官吏疑心他们是革命党，社会叫他们做怪物。所以赞助捐钱的人很少，学堂开门不到一个半月，就陷入了绝境。公学的干事姚弘业先生（湖南益阳人）激于义愤，遂于三月十二日投江自杀，遗书几千字，说，“我之死，为中国公学死也。”遗书发表之后，舆论都对他表敬意，社会受了一大震动，赞助的人稍多，公学才稍稍站得住。

我也是当时读了姚烈士的遗书大受感动的一个小孩子。夏天我去投考，临试的是总教习马君武先生。国文题目是“言志”，我不记得说了一些什么，后来马君武先生告诉我，他看了我的卷子，拿去给谭心休、彭施涤先生传观，都说是为公学得了一个好学生。

我搬进公学之后，见许多同学都是剪了辫子，穿着和服，拖着木屐的；又有一些是内地刚出来的老先生，戴着老花眼镜，捧着水烟袋的。他们的年纪都比我大的多；我是做惯班长的人，到这里才感觉到我是个小孩子。不久，我已感得公学的英文数学都很浅，我在甲班里很不费气力。那时候，中国教育界的科学程度太浅，中国公学至多不过可比现在的两级中学程度，然而有好几门功课都不能不请日本教员来教。如高等代数，解析几何，博物学，最初都是日本人教授，由懂日语的同学翻译。甲班的同学有朱经农、李琴鹤等，都曾担任翻译。又有几位同学还兼任学校的职员或教员，如但懋辛便是我们的体操教员。当时的同学和我年纪不相上下的，只有周烈忠，李骏，孙粹存，孙竞存等几个人。教员和年长的同学都把我们看作小弟弟，特别爱护我们，鼓励我们。我和这一班年事稍长，阅历较深的师友们往来，受他们的影响最大。我从小本来就没有过小孩子的生活，现在天天和这班年长的人在一块，更觉得自己不是个小孩子了。

中国公学的教职员和同学之中，有不少的革命党人。所以在这里要看东京出版的《民报》，是最方便的。暑假年假中，许多同学把《民

胡适（右二）与高梦旦（左一）、郑振铎（左二）、曹诚英（右一）的合影。

报》缝在枕头里带回内地去传阅。还有一些激烈的同学往往强迫有辫子的同学剪去辫子。但我在公学三年多，始终没有人强迫我剪辫，也没有人劝我加入同盟会。直到二十年后，但懋辛先生才告诉我，当时校里的同盟会员曾商量过，大家都认为我将来可以做学问，他们要爱护我，所以不劝我参加革命的事。但在当时，他们有些活动也并不瞒我。有一晚十点钟的时候，我快睡了，但君来找我，说，有个女学生从日本回国，替朋友带了一只手提小皮箱，江海关上要检查，她说没有钥匙，海关上不放行。但君因为我可以说几句英国话，要我到海关上去办交涉。我知道箱子里是危险的违禁品，就跟了他到海关码头，这时候已过十一点钟，谁都不在了，我们只好快快回去。第二天，那位女学生也走了，箱子她丢在关上不要了。

我们现在看见上海各学校都用国语讲授，决不能想象二十年的上海还完全是上海话的世界，各学校全用上海话教书。学生全得学上海话。

1906年，中国公学创立于上海，是中国最早的大学之一。1906年至1909年，胡适曾在这里读书。1928年至1930年，胡适曾任中国公学校长。

中国公学是第一个用“普通话”教授的学校。学校里的学生，四川、湖南、河南、广东的人最多，其余各省的人也差不多全有。大家都说“普通话”，教员也用“普通话”。江浙的教员，如宋耀如，王仙华，沈翔云诸先生，在讲堂上也都得勉强说官话。我初入学时，只会说徽州话和上海话；但在学校不久也就会说“普通话”了。我的同学中四川人最多；四川话清楚干净，我最爱学他，所以我说的普通话最近于四川话。二三年后，我到四川客栈（元记、厚记等）去看朋友，四川人只问，“贵府是川东，是川南？”他们都把我看成四川人了。

中国公学创办的时候，同学都是创办人。职员都是同学中举出来的，所以没有职员和学生的界限。当初创办的人都有革命思想，想在这学校里试行一种民主政治的制度。姚弘业烈士遗书中所谓“以大公无我之心，行共和之法”，即是此意。全校的组织分为“执行”与“评议”两部。执行部的职员（教务干事，庶务干事，斋务干事）都是评议部举出来的，有一定的任期，并且对于评议部要负责任。评议部是班长和室长组织成的，有监督和弹劾职员之权。评议会开会时，往往有激烈的辩论，有时直到点名熄灯时方才散会。评议会之中，最出名的是四川人龚从龙，口齿清楚，态度从容，是一个好议长。这种训练是有益的，我年纪太小，第一年不够当评议员，有时在门外听听他们的辩论，不禁感觉我们在澄衷学堂的自治会真是儿戏。

二

我第一学期住的房间里，有好几位同学都是江西萍乡和湖南醴陵人，他们都是邻县人，说的话我听不大懂。但不到一个月，我们很相熟了。他们都是二三十岁的人了；有一位钟文恢（号古愚）已有胡子，人叫他钟胡子。他告诉我，他们现在组织了一个学会，叫做竞业学会，目的是“对于社会，竞与改良；对于个人，争自濯磨”，所以定了这个名字。他介绍我进这个会，我答应了。钟君是会长，他带我到会所里去，给我介绍了一些人。会所在校外北四川路厚福里。会中住的人大概多是革命党。有个杨卓林，还有个廖德璠，后来都是因谋革命被杀的。会中办事最热心的人，钟君之外，有谢寅杰和丁洪海两君，他两人维持会务最久。

竞业学会的第一件事业就是创办一个白话的旬报，就叫做《竞业旬报》。他们请了一位傅君剑先生（号钝根）来做编辑。旬报的宗旨，傅君说，共有四项：一振兴教育，二提倡民气，三改良社会，四主张自治。其实这都是门面语，骨子里是要鼓吹革命。他们的意思是要“传布于小学校之青年国民”，所以决定用白话文。胡梓方先生（后来的诗人胡诗庐）作《发刊词》，其中有一段说：

今世号通人者，务为艰深之文，陈过高之义，以为士大夫劝，而独不为彼什伯千万倍里巷乡闾之子计，则是智益智，愚益愚，智日少，愚日多也。顾可为治乎哉？

又有一位会员署名“大武”，作文《论学官话的好处》，说：

诸位呀，要救中国，先要联合中国的人心。要联合中国的人心，先要统一中国的言语。……但现今中国的语言也不知有多少种，如何叫他们合而为一呢？……除了通用官话，更别无法子了。但是官话的种类也很不少，有南方官话，有北方官话，有北京官话。现在中国全国通行官话，只须摹仿北京官话，自成一种普通国语哩。

这班人都到过日本，又多数是中国公学的学生，所以都感觉“普通国语”的需要。“国语”一个目标，屡见于《竞业旬报》的第一期，可算是提倡最早的了。

《竞业旬报》第一期是丙午年（一九〇六）九月十一日出版的。同住的钟君见我常看小说，又能作古文，就劝我为《旬报》作白话文。第一期里有我的一篇通俗《地理学》，署名“期自胜生”。那时候我正读《老子》，爱上了“自胜者强”一句话，所以取了个别号叫“希强”，又自称“期自胜生”。这篇文字是我的第一篇白话文字，所以我抄其中说“地球是圆的”一段在这里做一个纪念：

譬如一个人立在海边，远远的望这来往的船只。那来的船呢，一定是先看见它的桅杆顶，以后方能看见它的风帆，它的船身一定在最后方可看见。那去的船呢，却恰恰与来的相反，它的船身一定先看不见，然后看不见它的风帆，直到后来方才看不见它的桅杆顶。这是什么缘故呢？因为那地是圆的，所以来的船在那地的低处慢慢行上来，我们看去自然先看见那桅杆顶了。那去的船也是这个道理，不过同这相反罢了。诸君们如再不相信，可提一只苍蝇摆在一只苹果上，叫他从下面爬到上面来，可不是先看见他的头然后再看见他的脚么？

这段文字已充分表现出我的文章的长处和短处了。我的长处是明白清楚，短处是浅显。这时候我还不满十五岁。二十五年来，我抱定一个宗旨，做文字必须要叫人懂得，所以我从来不怕人笑我的文字浅显。

我做了一个月的白话文，胆子大起来了，忽然决心做一个长篇的章回小说。小说的题目叫做《真如岛》，用意是“破除迷信，开通民智”。我拟了四十回的题目，便开始写下去了。第一回就在《旬报》第三期上发表（丙午十月初一日），回目是：

虞善仁疑心致疾　孙绍武正论祛迷

这小说的开场一段是：

话说江西广信府贵溪县城外有一个热闹的市镇叫做神权镇，镇上有一条街叫做福儿街。这街尽头的地方有一所高大的房子。有一天下午的时候，这屋的楼上有二人在那里说话。一个是一位老人，年纪大约五十以外的光景，鬓发已略有些花白了，躺在一张床上，把头靠近床沿，身上盖了一条厚被，面上甚是消瘦，好像是重病的模样。一个是一位十八九岁的后生，生得仪容端正，气概轩昂，坐在床前一只椅子上，听那个老人说话。

我小时候最痛恨道教，所以这部小说的开场白就放在张天师的家乡。但我实在不知道贵溪县的地理风俗，所以不久我就把书中的主人翁孙绍武搬到我们徽州去了。

《竞业旬报》出到第十期，便停办了。我的小说续到第六回，也停止了。直到戊申年（一九〇八年）三月十一日，《旬报》复活，第十一期才出世。但傅君剑已不来了，编辑无人负责，我也不大高兴投稿了。到了戊申七月，《旬报》第二十四期以下就归我编辑。从第二十四期到第三十八期，我做了不少的文字，有时候全期的文字，从论说到新闻，差不多都是我做的。《真如岛》也从二十四期上续作下去，续到第十一回，《旬报》停刊了，我的小说也从此停止了。这时期我改用了“铁儿”的笔名。

这几十期的《竞业旬报》给了我一个绝好的机会，使我可以把在家乡和学校得着的一点点知识和见解，整理一番，用明白清晰的文字叙述出来。《旬报》的办事人从来没有干涉我的言论，所以我能充分发挥我的思想，尤其是我对宗教迷信的思想。例如《真如岛》小说第八回里，孙绍武这样讨论“因果”的问题：

这“因果”二字，很难说的。从前有人说，“譬如窗外这一枝花儿，枝枝朵朵都是一样，何曾有什么好歹善恶的分别？不多一会，起了一阵狂风，把一树花吹一个‘花落花飞飞满天’，那许多花朵，有的吹上帘栊，落在锦茵之上；有的吹出墙外，落在粪溷之中。这落花的好歹不同，难道说是这几枝花的善恶报应不成？”这话很是，但我的意思却不止此。大约这因果二字是有的。有了一个因，必收一个果。譬如吃饭自然会饱，吃酒自然会醉。有了吃饭吃酒两件原因，自然会生出醉饱两个结果来。但是吃饭是饭的作用生出饱来，种瓜是瓜的作用生出新瓜来。其中并没有什么人为之主宰。如果有什么人为主宰，什么上帝哪，菩萨哪，既能罚恶人于作孽之后，为什么不能禁之于未作孽之前呢？……“天”要是真有这么大的能力，何不把天下的人个个都成了善人呢？……“天”既生了恶人，让他在世间作恶，后来又叫他受许多报应，这可不是书上说的“出尔反尔”么？……总而言之，“天”既不能使人不作恶，便不能罚那恶人。

1924年胡适的三个孩子胡祖望（右）、胡思杜（中）、胡素斐（左）与保姆合影。

落花一段引的是范缜的话（看本书第二章），后半是我自己的议论。这是很不迟疑的无神论。这时候我另在《旬报》上发表了一些《无鬼丛话》，第一条就引用司马温公“形既朽灭，神亦飘散，虽有锉烧舂磨，亦无所施”的话，和范缜“神之于形，犹利之于刀”的话（参看第二章）。第二条引苏东坡的诗：“耕田欲雨刈欲晴，去得顺风来者怨。若使人人祷辄遂，造物应须日千变”。第三条痛骂《西游记》和《封神榜》，其中有这样的话：

夫士君子处颓敝之世，不能摩顶放踵敝口焦舌以挽滔滔之狂澜，曷若隐遁穷邃，与木石终其身！更安忍随波逐流，阿谀取容于当世，用自私利其身？（本条前面说《封神榜》的作者把书稿送给他的女儿作嫁资，其婿果然因此发财，所以此处有“自私利”的话。）天壤间果有鬼神者，则地狱之设正为此辈！此其人更安有著书资格耶！（《丛话》原是用文言作的）

这是戊申（一九〇八）年八月发表的。谁也梦想不到说这话的小孩子在十五年后（一九二三）居然很热心的替《西游记》作两万字的考证！如果他有好材料，也许他将来还替《封神榜》作考证哩！

在《无鬼丛话》的第三条里，我还接着说：

《王制》有之："托于鬼神时日卜筮以乱众者，诛。"吾独怪夫数千年来之掌治权者，之以济世明道自期者，乃懵然不之注意，惑世诬民之学说得以大行，遂举我神州民族投诸极黑暗之世界！嗟夫，吾昔谓"数千年来仅得许多脓包皇帝，混账圣贤"，吾岂好詈人哉？吾其好詈人哉？

这里很有"卫道"的臭味，但也可以表现我在不满十七岁时的思想路子。《丛话》第四条说：

吾尝持无鬼之说，论者或咎余，谓举一切地狱因果之说而摧陷之，使人敢于为恶，殊悖先王神道设教之旨。此言余不能受也。今日地狱因果之说盛行，而恶人益多，民德日落，神道设教之成效果何如者！且处兹思想竞争时代，不去此种种魔障，思想又乌从而生耶？

这种夸大的口气，出在一个十七岁的孩子的笔下，未免叫人读了冷笑。但我现在回看我在那时代的见解，总算是自己独立想过几年的结果，比起现在一班在几个抽象名词里翻筋斗的少年人们，我还不感觉惭愧。

《竞业旬报》上的一些文字，我早已完全忘记了。前年中国国民党的中央宣传部曾登报征求全份的《竞业旬报》——大概他们不知道这里面一大半的文字是胡适做的——似乎也没有效果。我靠几个老朋友的帮忙，搜求了几年，至今还不曾凑成全份。今年回头看看这些文字，真有如同隔世之感。但我根本诧异的是有一些思想后来成为我的重要出发点的，在那十七八岁的时候已有了很明白的倾向了。例如我在《旬报》第三十六期上发表一篇《苟且》，痛论随便省事不肯彻底思想的毛病，说"苟且"二字是中国历史上的一场大瘟疫，把几千年的民族精神都瘟死了。我在《真如岛》小说第十一回（《旬报》三十七期）论扶乩的迷信，也说：

程正翁，你想罢，别说没有鬼神，即使有鬼神，那关帝吕祖何等尊严，岂肯听那一二张符诀的号召？这种道理总算浅极了，稍微想一想，便可懂得。只可怜我们中国人总不肯想，只晓得随波逐流，随声附和。

国民愚到这步田地，照我的眼光看来，这都是不肯思想之故。所以宋朝大儒程伊川说："学原于思"，这区区四字简直是千古至言——郑先生说到这里，回过头来，对翼华翼璜道：程子这句话，你们都可写作座右铭。

"学原于思"一句话是我在澄衷学堂读朱子《近思录》时注意到的。我后来的思想走上了赫胥黎和杜威的路上去，也正是因为我从十几岁时就那样十分看重思想的方法了。

又如那时代我在李莘伯办的《安徽白话报》上发表的一篇《论承继之不近人情》（转载在《旬报》二十九期），我不但反对承继儿子，并且根本疑问"为什么一定要儿子？"此文的末尾有一段说：

我如今要荐一个极孝顺永远孝顺的儿子给我们中国四万万同胞。这个儿子是谁呢？便是"社会"……

你看那些英雄豪杰仁人义士的名誉，万古流传，永不湮没；全社会都崇拜他们，纪念他们；无论他们有子孙没有子孙，我们纪念着他们，总不少减；也只为他们有功于社会，所以社会永远感谢他们，纪念他们。阿唫唫，这些英雄豪杰仁人义士的孝子贤孙多极了，多极了！……一个人能做许多有益于大众有功于大众的事业，便可以把全社会都成了他的孝子贤孙。列位要记得：儿子，孙子，亲生的，承继的，都靠不住。只有我所荐的孝子顺孙是万无一失的。

这些意思，最初起于我小时看见我的三哥出继珍伯父家的痛苦情形，是从一个真问题上慢慢想出来的一些结论。这一点种子，在四五年后，我因读培根（Bacon）的论文有点感触，在日记里写成我的《无后主义》。在十年以后，又因为我母亲之死引起了一些感想，我才写成《不朽：我的宗教》一文，发挥"社会不朽"的思想。

这几十期的《竞业旬报》，不但给了我一个发表思想和整理思想的机会，还给了我一年多作白话文的训练。清朝末年出了不少的白话报，如《中国白话报》《杭州白话报》《安徽俗话报》《宁波白话报》《潮州白话报》，都没长久的寿命。光绪宣统之间，范鸿仙等办《国民白话

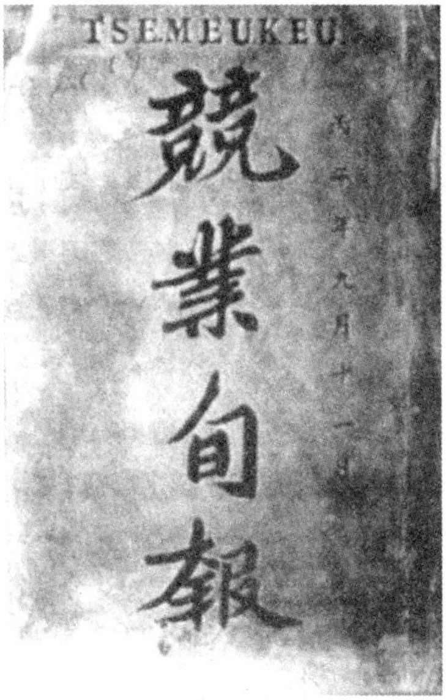

《竞业旬报》由中国公学里的竞业学会创办，1908年第24期起至第40期，胡适接任主编。在这期间，他发表了总十几万字的文章，作了一年多的白话文的训练。

日报》，李莘伯办《安徽白话报》，都有我的文字，但这两个报都只有几个月的寿命。《竞业旬报》出到四十期，要算最长寿的白话报了。我从第一期投稿起，直到它停办时止，中间不过有短时期没有我的文字。和《竞业旬报》有编辑关系的人，如傅君剑，如张丹斧，如叶德争，都没有我的长久关系，也没有我的长期训练。我不知道我那几十篇文字在当时有什么影响，但我知道这一年多的训练给了我自己绝大的好处。白话文从此形成了我的一种工具。七八年之后，这件工具使我能够在中国文学革命的运动里做一个开路的工人。

三

我进中国公学不到半年，就得了脚气病，不能不告假医病。我住在上海南方瑞兴泰茶叶店里养病，偶然翻读吴汝纶选的一种古文读本，其中第四册全是古诗歌。这是我第一次读古体诗歌，我忽然感觉很大的兴趣，病中每天读熟几首。不久就把这一册古诗读完了。我小时曾读一本律诗，毫不觉得有兴味，这回看了这些乐府歌辞和五七言诗歌，才知道诗歌原来是这样自由的，才知道做诗原来不必先学对仗。我背熟的第一首诗是《木兰辞》，第二首是《饮马长城窟行》，第三是《古诗十九首》。一路下去，直到陶潜，杜甫，我都喜欢读。读完了吴汝纶的选本，我又在二哥的藏书里寻得了《陶渊明集》和《白香山诗选》，后来又买了一部《杜诗镜诠》。这时期我专读古体歌行，不肯再读律诗；偶然也读一些五七言绝句。

有一天，我回学堂去，路过《竞业旬报》社，我进去看傅君剑，他说不久就要回湖南去了。我回到了宿舍，写了一首送别诗，自己带给君剑，问他像不像诗。这诗我记不得了，只记得开端是“我以何因缘，得交傅君剑”。君剑很夸奖我的送别诗，但我终有点不自信。过了一天，他送了一首《留别适之即和赠别之作》来，用日本卷笺写好，我打开一

胡适在北大任教时留影。

看，真吓了一跳。他诗中有“天下英雄君与我，文章知己友兼师”两句，在我这刚满十五岁的小孩子眼里，这真是受宠若惊了！“难道他是说谎话哄小孩子吗？”我忍不住这样想。君剑这幅诗笺，我赶快藏了，不敢给人看。然而他这两句鼓励小孩子的话可害苦我了，从此以后，我就发愤读诗，想要做个诗人了。有时候，我在课堂上，先生在黑板上解高等代数的算式，我却在斯密司的《大代数学》底下翻《诗韵合璧》，练习簿上写的不是算式，是一首未完的纪游诗。一两年前我半夜里偷点着蜡烛，伏在枕头上演习代数问题，那种算学兴趣现在都被做诗的新兴趣赶跑了！我在脚气病的几个月之中发现了一个新世界，同时也决定了我一生的命运。我从此走上了文学史学的路，后来几次想矫正回来，想走到自然科学的路上去，但兴趣已深，习惯已成，终无法挽回了。

丁未正月（一九〇七）我游苏州，三月与中国公学全体同学旅行到杭州，我都有诗纪游。我那时全不知道“诗韵”是什么，只依家乡的方音，念起来同韵便算同韵。在西湖上写了一首绝句，只押了两个韵脚，杨千里先生看了大笑，说，一个字在“尤”韵，一个字在“萧”韵。他替我改了两句，意思全不是我的了。我才知道做诗要硬记诗韵，并且不妨牺牲诗的意思来迁就诗的韵脚。

丁未五月，我因脚气病又发了，遂回家乡养病（我们徽州人在上海得了脚气病，必须赶紧回家乡，行到钱塘江的上游，脚肿便渐渐退了）。我在家中住了两个多月，母亲很高兴。从此以后，我十年不归家（一九〇七至一九一七），那是母亲和我都没有料到的。那一次在家，和近仁叔相聚甚久，他很鼓励我做诗。在家中和路上我都有诗。这时候我读了不少白居易的诗，所以我这时期的诗，如在家乡做的《弃父行》，很表现《长庆集》的影响。

丁未以后，我在学校里颇有少年诗人之名，常常和同学们唱和。有一次我做了一首五言律诗，押了一个“赪”字韵，同学和教员和作的诗有十几首之多。同学中如汤昭（保民），朱经（经农），任鸿隽（叔永），沈翼孙（燕谋）等都能作诗；教员中如胡梓方先生，石一参先生等，也都爱提倡诗词。梓方先生即是后来出名的诗人胡诗庐，这时候他教我们的英文，英文教员能做中国诗词，这是当日中国公学的一种特色。还有一位英文教员姚康侯先生，是辜鸿铭先生的学生，也是很讲究中国文学的。辜先生译的《痴汉骑马歌》，其实是姚康侯先生和几位同门修改润色的，姚先生在课堂上常教我们翻译，从英文译汉文，或从汉文译英文。有时候，我们自己从读本里挑出爱读的英文诗，邀几个能诗的同学分头翻译成中国诗，拿去给姚先生和胡先生评改。姚先生常劝我们看辜鸿铭译的《论语》，他说这是翻译的模范。但五六年后，我得读辜先生译的《中庸》，感觉很大的失望。大概当时所谓翻译，都侧重自由的意译，务必要“典雅”，而不妨变动原文的意义与文字。这种训练也有他的用处，可以使学生时时想到中西文字异同之处，时时想到某一句话应该怎样翻译，才可算“达”与“雅”。我记得我们试译一首英文诗，中有Scarecrow一个字，我们大家想了几天，想不出一个典雅的译法。但是这种工夫，现在回想起来，不算是浪费了的。

我初学做诗，不敢做律诗，因为我不曾学过对对子，觉得那是很难的事。戊申（一九〇八）以后，我偶然试做一两首五言律诗来送朋友，觉得并不很难，后来我也常常做五七律诗了。做惯律诗之后，我才明白这种体裁是似难而实易的把戏；不必有内容，不必有情绪，不必有意思，只要会变戏法，会搬运典故，会调音节，会对对子，就可以诌成一首律诗。这种体裁最宜于做没有内容的应酬诗，无论是殿廷上应酬皇帝，或寄宿舍里送别朋友，把头摇几摇，想出了中间两联，凑上一头一尾，就是一首诗了；如果是限韵或和韵的诗，只消从韵脚上去着想，那就更容易了。大概律诗的体裁和步韵的方法所以不能废除，正因为这都是最方便的戏法。我那时读杜甫的五言律诗最多，所以我做的五律颇受他的影响。七言律诗，我觉得没有一首能满意的，所以我做了几首之后就不做了。

现在我把我在那时做的诗抄几首在这里，也算一个时期的纪念：

秋日梦返故居（戊申八月）

秋高风怒号，客子中怀乱。抚枕一太息，悠悠归里闬。入门拜慈母，母方抚孙玩。齐儿见叔来，牙牙似相唤。拜母复入室，诸嫂同炊爨。问答乃未已，举头日已旰。方期长聚首，岂复疑梦幻？年来历世故，遭际多忧患。耿耿苦思家，听人讥斥鷃。（玩字原作弄，是误用方音，前年改玩字。）

军人梦（译Thomas Campbell's A Soldier's Dream）（戊申）

笳声销歇暮云沉，耿耿天河灿列星。战士创痍横满地，倦者酣眠创者逝。枕戈藉草亦蘧然，时见刍人影摇曳。长夜沉沉夜未央，陶然入梦已三次。梦中忽自顾，身已离队伍。秋风拂襟袖，独行殊踽踽。惟见日东出，迎我归乡土。从横阡陌间，尽是钓游迹。时闻老农刈稻歌，又闻牛羊嗥山脊。归来戚友咸燕集，誓言不复相离别。娇儿数数亲吾额，少妇情深自呜咽。举室争言君已倦，幸得归休免征战。惊回好梦日熹微，梦魂渺渺成虚愿。（刍人原作刍灵，今年改）

酒醒（己酉）

酒能消万虑，已分醉如泥。烛泪流干后，更声断续时。醒来还苦忆，起坐一沉思。窗外东风峭，星光淡欲垂。

女优陆菊芬演《纺棉花》（己酉）

永夜亲机杼，悠悠念远人。朱弦纤指弄，一曲翠眉颦。满座天涯客，无端旅思新。未应儿女语，争奈不胜春！

秋柳　有序（己酉）

秋日适野，见万木皆有衰意。而柳以弱质，际兹高秋，独能迎风而舞，意态自如。岂老氏所得能以弱者存耶？感而赋之。

但见萧飕万木摧，尚余垂柳拂人来。西风莫笑长条弱，也向西风舞一回。（西风莫笑，原作“凭君漫说”，民国五年改。长条原作“柔条”，十八年改。）

第五章

我怎样到外国去

一

戊申（一九〇八）九月间，中国公学闹出了一次大风潮，结果是大多数学生退学出来，另组织一个中国新公学。这一次风潮为的是一个宪法的问题。

中国公学在最初的时代，纯然是一个共和国家，评议部为最高立法机关，执行部的干事即由公选产生出来。不幸这种共和制度实行了九个月（丙午二月至十一月），就修改了。修改的原因，约有几种：一是因为发起的留日学生逐渐减少，而新招来的学生逐渐加多，已不是当初发起时学生与办事人完全不分界限的情形了。二是因为社会和政府对于这种共和制度都很疑忌。三是因为公学既无校舍，又无基金，有请求官款补助的必要，所以不能不避免外界对于公学内部的疑忌。

为了这种种原因，公学的办事人就在丙午（一九〇六）年的冬天，请了郑孝胥、张謇、熊希龄等几十人作中国公学的董事，修改章程，于是学生主体的制度，就变成了董事会主体的制度。董事会根据新章程，公举郑孝胥为监督。一年后，郑孝胥辞职，董事会又举夏敬观为监督。这两位都是有名的诗人，他们都不常到学校，所以我们也不大觉得监督的可畏。

可是在董事会与监督之下，公学的干事就不能由同学公选了。评议部是新章所没有的。选举的干事改为学校聘任的教务长，庶务长，斋务长了。这几位办事人，外面要四处募捐，里面要担负维持学校的责任，自然感觉他们的地位有稳定的必要。况且前面已说过，校章的修改也不是完全没有理由的。但我们少年人可不能那样想。中国公学的校章上明明载着“非经全体三分之二承认，不得修改”。这是我们的宪法上载着的唯一的修正方法。三位干事私自修改校章，是非法的。评议部的取消也是非法的。这里面也还有个人的问题。当家日子久了，总难免“猫狗皆嫌”。何况同学之中有许多本是干事诸君的旧日同辈的朋友呢！在学校上课的同学自然在学业上日日有长进，而干事诸君办事久了，学问上没有进境，却当着教务长一类的学术任务，自然有时难免受旧同学的轻视。法的问题和这种人的问题混合在一块，风潮就不容易避免了。

代议制的评议部取消之后，全体同学就组织了一个“校友会”，其实就等于今日各校的学生会。校友会曾和三干事争了几个月，干事答应了校章可由全体学生修改。又费了几个月的时间，校友会把许多修正案整理成一个草案，又开了几次会，才议定了一个校章。一年多的争执，经过了多少度的磋商，新监督夏先生与干事诸君均不肯承认这新改的校章。

到了戊申（一九〇八）九月初三日，校友会开大会报告校章交涉的经过，会尚未散，监督忽出布告，完全否认学生有订改校章之权，这竟是完全取消干事承认全体修改校章的布告了。接着又出了两道布告，一道说“集会演说，学堂悬为严禁……校友会以后不准再行开会”。一道

1927年，胡适摄于美国纽约。胡适将此照片题赠给了康奈尔大学地质教授亨利·韦莲司的夫人，其女即是胡适的女友伊迪丝·克利福德·韦莲司（Edith Clifford Williams）。

说学生代表朱经、朱绂华“倡首煽众，私发传单，侮辱职员，要挟发布所自改印章程，屡诫不悛，纯用意气，实属有意破坏公学。照章应即斥退，限一日内搬移出校”。

初四日，全体学生签名停课，在操场上开大会。下午干事会又出布告，开除学生罗君毅、周烈忠、文之孝等七人，并且说“如仍附从停课，即当将停课学生全行解散，另行组织。”初五日，教员出来调停，想请董事会出来挽救。但董事会不肯开会。初七日学生大会遂决议筹备万一学校解散后的办法。

初八日董事陈三立先生出来调停，但全校人心已到了很激昂的程度，不容易挽回了。初九日，校中布告：“今定于星期日暂停膳食。所有被胁诸生可先行退出校外，暂住数日。准于今日午后一时起，在环球中国学生会发给旅膳费。俟本公学将此案办结后，再行布告来校上课。”

这样的压迫手段激起了校中绝大多数同学的公愤。他们决定退学，遂推举干事筹备另创新校的事。退学的那一天，秋雨淋漓，大家冒雨搬到爱而近路庆祥里新租的校舍里。厨房虽然寻来了一家，饭厅上桌凳都不够，碗碟也不够。大家都知道这是我们自己创立的学校，所以不但不叫苦，还要各自掏腰包，捐出钱来作学校的开办费。有些学生把绸衣，金表，都拿去当了钱来捐给学堂做开办费。

十天之内，新学校筹备完成了，居然聘教员，排功课，正式开课了。校名定为“中国新公学”，学生有一百六七十人。在这风潮之中，最初的一年因为我是新学生，又因为我告了长时期的病假，所以没有参与同学和干事的争执；到了风潮正激烈的时期，我被举为大会书记，许多记录和宣言都是我做的，虽然不在被开除之列，也在退学之中。朱经、李琴鹤、罗君毅被举作干事。有许多旧教员都肯来担任教课。学校虽然得着社会上一部分人的同情，捐款究竟很少，经费很感觉困难。李琴鹤君担任教务干事，有一天他邀我到他房里谈话，他要我担任低年级各班的英文，每星期教课三十点钟，月薪八十元；但他声明，自家同学作教员，薪俸是不能全领的，总得欠着一部分。

我这时候还不满十七岁，虽然换了三个学堂，始终没有得着一张毕业证书。我若继续上课，明年可以毕业了。但我那时确有不能继续求学的情形。我家本没有钱。父亲死后，只剩下几千两的存款，存在同乡店家生息，一家人全靠这一点出息过日子。后来存款的店家倒账了，分摊起来，我家分得一点小店业。我的二哥是个有干才的人，他往来汉口上海两处，把这点小店业变来变去，又靠他的同学朋友把他们的积蓄寄存在他的店里，所以他能在几年之中合伙撑起一个规模较大的瑞兴泰茶叶店。但近几年之中，他的性情变了，一个拘谨的人变成了放浪的人；他的费用变大了，精力又不能贯注到店事，店中所托的人又不很可靠，所以店业一年不如一年。后来我家的亏空太大了，上海的店业不能不让给债权人。当戊申的下半年，我家只剩汉口一所无利可图的酒栈（两仪栈）了。这几个月以来，我没有钱住宿舍，就寄居在《竞业旬报》社里（也在庆祥里）。从七月起，我担任《旬报》的编辑，每出一期报，社中送我十块钱的编辑费。住宿和饭食都归社中担负。我家中还有母亲，眼前就得要我寄钱赡养了。母亲也知道家中破产就在眼前，所以寄信来要我今年回家去把婚事办了。我斩钉截铁的阻止了这件事，名义上是说求学要紧，其实是我知道家中没有余钱给我办婚事，我也没有钱养家。

正在这个时候，李琴鹤君来劝我在新公学作教员。我想了一会，就答应了。从此以后，我每天教六点钟的英文，还要改作文卷子。十七八岁的少年人，精力正强，所以还能够勉强支持下去，直教到第二年（一九〇九）冬天中国新公学解散时为止。

以学问论，我那时怎配教英文？但我是个肯负责任的人，肯下苦功去预备功课，所以这一年之中还不曾有受窘的时候，我教的两班后来居然出了几个有名的人物：饶毓泰（树人），杨铨（杏佛），严庄（敬斋），都做过我的英文学生。后来我还在校外收了几个英文学生，其中有一个就是张奚若。可惜他们后来都不是专习英国文学；不然，我可真“抖”了。

《竞业旬报》停刊之后，我搬进新公学去住。这一年的教书生活虽然很苦，于我自己却有很大的益处。我在中国公学两年，受姚康侯和王云五两先生的影响很大，他们都最注重文法上的分析，所以我那时虽不大能说英国话，却喜欢分析文法的结构，尤其喜欢拿中国文法来做比较。现在做了英文教师，我更不能不把字字句句的文法弄的清楚。所以这一年之中，我虽没有多读英国文学书，却在文法方面得着很好的练习。

★

中国新公学在最困苦的情形之下支持了一年多，这段历史是很悲壮的。那时候的学堂多不讲究图书仪器的设备，只求做到教员好，功课紧，管理严，就算好学堂了。新公学的同学因为要争一口气，所以成绩很好，管理也不算坏。但经费实在太穷，教员只能拿一部分的薪俸，干事处常常受收房捐和收巡捕捐的人的恶气；往往因为学校不能付房捐和巡捕捐，同学们大家凑出钱来，借给干事处。有一次干事朱经农君（即朱经）感觉学校经费困难已到了绝地，他忧愁过度，神经错乱，出门乱走，走到了徐家汇的一条小河边，跳下河去，幸遇人救起，不曾丧命。

这时候，中国公学的吴淞新校舍已开始建筑了，但学生很少。内地来的学生，到了上海，知道了两个中国公学的争持，大都表同情于新公学，所以新公学的学生总比老公学多。例如张奚若（原名耘）等一些陕西学生，到了上海，赶不上招考时期，他们宁可在新公学附近租屋补习，却不肯去老公学报名。所以"中国新公学"的招牌一天不去，"中国公学"是一天不得安稳发展的，老公学的职员万不料我们能支持这么久。他们也知道我们派出去各省募捐的代表，如朱绂华、朱经农、薛传斌等，都有有力的介绍，也许有大规模的官款补助的可能。新公学募捐若成功，这个对峙的局面更不容易打消了。

老公学的三干事之中，张邦杰先生（俊生）当风潮起时在外省募捐未归；他回校后极力主张调停，收回退学的学生。不幸张先生因建筑吴淞校舍，积劳成疾，不及见两校的合并就死了。新公学董事长李平书先生因新校经济不易维持，也赞成调停合并。调停的条件大致是：凡新公学的学生愿意回去的，都可回去；新公学的功课成绩全部承认；新公学所有亏欠的债务，一律由老公学担负清偿。新公学一年之中亏欠已在一万元以上，捐款究竟只是种不能救急的希望；职员都是少年人，牺牲了自己的学业来办学堂，究竟不能持久。所以到了己酉（一九〇九）十月，新公学接受了调停的条件，决议解散：愿回旧校者，自由回去。我有题新校合影的五律二首，七律一首，可以纪念我们在那时候的感情，所以我抄在这里：

十月题新校合影，时公学将解散

无奈秋风起，艰难又一年。
颠危俱有责，成败岂由天？
黯黯愁兹别，悠悠祝汝贤。
不堪回首处，沧海已桑田。
此地一为别，依依无限情。
凄凉看日落，萧瑟听风鸣。
应有天涯感，无忘城下盟！
相携入图画，万虑苦相萦。

十月再题新校教员合影

也知湖越同舟谊，无奈惊涛动地来。
江上飞鸟犹绕树，尊前残烛已成灰。
昙花幻相空余恨，鸿爪遗痕亦可哀。
莫笑劳劳作刍狗，且论臭味到岑苔。

这都算不得诗，但“应有天涯感，无忘城下盟”两句确是当时的心理。合并之后，有许多同学都不肯回老公学去，也是为此。这一年的经验，为一个理想而奋斗，为一个团体而牺牲，为共同生命而合作，这些都在我们一百六十多人的精神上留下磨不去的影子。二十多年来，无人写这一段历史，所以我写这几千字，给我的一班老同学留一点“鸿爪遗痕”。

★

少年人的理想主义受打击之后，反动往往是很激烈的。在戊申己酉（一九〇八至一九〇九）两年之中，我的家事败坏到不可收拾的地步。己酉年，大哥和二哥回家，主张分析家产；我写信回家，说我现在已能自立了，不要家中的产业。其实家中本没有什么产业可分，分开时，兄弟们每人不过得着几亩田，半所屋而已。那一年之中，我母亲最心爱的一个妹子和一个弟弟先后死了，她自己也病倒了，我在新公学解散之后，得了两三百元的欠薪，前途茫茫，毫无把握，哪敢回家去？只好寄居在上海，想寻一件可以吃饭养家的事。在那个忧愁烦闷的时候，又遇着一班浪漫的朋友，我就跟着他们堕落了。

【注】这一段是去年（一九三一）夏间写的，写成之后，我恐怕我的记载有不正确或不公平的地方，所以把原稿送给王敬芳先生（抟沙），请他批评修改。他是我们攻击的干事之一，是当日风潮的一个主要目标。但事隔二丨多年，我们都可以用比较客观的眼光来回看当年的旧事了。他看了之后，写了一封几千字的长信给我，承认我的话“说的非常心平气和，且设身处地的委曲体谅，令我极端佩服”，又指出一些与当日事实不符的地方。他指出的错误，我都改正了。所以这一段小史，虽是二十多年后追记的，应该没有多大的错误。我感谢王先生的修正，并且盼望我的老同学朱经农、罗君毅诸先生也给我同样的修正。

王先生在他的长信里说了几句很感慨的话，我认为很值得附录在此。他说：“我是当初反对取缔规则最力的人，但是今日要问我取缔规则到底对于中国学生有多大害处，我实在答应不出来。你是当时反对公学最力的人，看你这篇文章，今昔观察也就不同的多了。我想青年人往往因感情的冲动，理智便压抑了。中国学校的风潮，大多数是由于这种原因。学校中少一分风潮，便多一分成就。盼望你注意矫正这种流弊。”

我是赞成这话的，但是我要补充一句：学校的风潮不完全由于青年人的理智被感情压抑了，其中往往是因为中年人和青年人同样失去了运用理智的能力。专责备青年人是不公允的。中国公学最近几次的风潮都是好例子。

廿一，九，廿七

二

中国新公学有一个德国教员，名叫何德梅（Ottomeir），他的父亲是德国人，母亲是中国人，他能说广东话、上海话、官话。什么中国人的玩意儿，他全会。我从新公学出来，就搬在他隔壁的一所房子里住，这两所房子是通的，他住东屋，我和几个四川朋友住西屋。和我同住的

胡适题赠给杜威博士的“全家福”。

人，有林君墨（恕）、但怒刚（懋辛）诸位先生；离我们不远，住着唐桂梁（蟒）先生，是唐才常的儿子。这些人都是日本留学生，都有革命党的关系；在那个时候各地的革命都失败了，党人死的不少，这些人都很不高兴，都很牢骚。何德梅常邀这班人打麻将，我不久也学会了。我们打牌不赌钱，谁赢谁请吃雅叙园。我们这一班人都能喝酒，每人面前摆一大壶，自斟自饮。从打牌到喝酒，从喝酒又到叫局，从叫局到吃花酒，不到两个月，我都学会了。

幸而我们都没有钱，所以都只能玩一点穷开心的玩意儿：赌博到吃馆子为止，逛窑子到吃"镶边"的花酒或打一场合股份的牌为止。有时候，我们也同去看戏。林君墨和唐桂梁请了一位小喜禄来教我们唱戏，同学之中有欧阳予倩，后来成了中国戏剧界的名人。我最不行，一句也学不会，不上两天我就不学了。此外，我还有一班小朋友，同乡有许怡荪、程乐亭、章希吕诸人，旧同学有郑仲诚、张蜀川、郑铁如诸人。怡荪见我随着一班朋友发牢骚，学堕落，他常常规劝我。但他在吴淞复旦公学上课，是不常来的，而这一班玩的朋友是天天见面的，所以我那几个月之中真是在昏天黑地里胡混，有时候，整夜的打牌；有时候，连日的大醉。

★

有一个晚上，闹出乱子来了。那一晚我们在一家"堂子"里吃酒，喝的不少了，出来又到一家去"打茶围"。那晚上雨下的很大，下了几点钟还不止。君墨、桂梁留我打牌，我因为明天要教书（那时我在华童公学教小学生的国文），所以独自雇人力车走了。他们看我能谈话，能在一叠"局票"上写诗词，都以为我没有喝醉，也就让我一个人走了。

其实我那时已大醉了，谈话写字都只是我的"下意识"的作用，我全不记忆。出门上车以后，我就睡着了。

直到第二天天明时，我才醒来，眼睛还没有睁开，就觉得自己不是睡在床上，是睡在硬的地板上！我疑心昨夜喝醉了，睡在家中的楼板上，就喊了一声“老彭！”——老彭是我雇的一个湖南仆人。喊了两声，没有人答应，我已经坐起来了，眼也睁开了。

奇怪得很！我睡在一间黑暗的小房里，只有前面有亮光，望出去好像没有门。我仔细一看，口外不远还好像有一排铁栅栏，我定神一听，听见栏杆外有皮鞋走路的声响。一会儿，狄托狄托的走过来了，原来是一个中国巡捕走过去。

我有点明白了，这大概是巡捕房，只不知道我怎样到了这儿来的。我想起来问一声，这时候才觉得我一只脚上没有鞋，又觉得我身上的衣服都是湿透了的。我摸来摸去，摸不着那一只皮鞋；只好光着一只袜子站起来，扶着墙壁走出去，隔着栅栏招呼那巡捕，问他这是什么地方。

他说：“这是巡捕房。”

“我怎么会进来的？”

他说：“你昨夜喝醉了酒，打伤了巡捕，半夜后进来的。”

“什么时候我可以出去？”

“天刚亮一会，早呢！八点钟有人来，你就知道了。”

我在亮光之下，才看见我的旧皮袍不但是全湿透了，衣服上还有许多污泥，并且有破皮的疤痕。难道我真同人打了架吗？

这是一个春天的早晨，一会儿就是八点钟了。果然有人来叫我出去。

在一张写字桌边，一个巡捕头坐着，一个浑身泥污的巡捕立着回话。那巡捕头问：

“就是这个人？”

“就是他。”

“你说下去。”

那浑身泥污的巡捕说：

“昨夜快十二点钟时候，我在海宁路上班，雨下的正大。忽然（他指着我）他走来了，手里拿着一只皮鞋敲着墙头，狄托狄托的响。

我拿巡捕灯一照，他开口就骂。”

“骂什么？”

“他骂‘外国奴才’！我看他喝醉了，怕他闯祸，要带他到巡捕房里来。他就用皮鞋打我，我手里有灯，抓不住他，被他打了好几下。后来我抱住他，抢了他的鞋子，他就和我打起来了。两个人抱住不放，滚在地上。下了一夜的大雨，马路上都是水，两个人在泥水里打滚。我的灯也打碎了，身上脸上都被他打了。他脸上的伤是在石头上擦破了皮。我吹了叫子，唤住了一部空马车，两个马夫帮我捉住他，关在马车里，才能把他送进来。我的衣服是烘干了，但是衣服上的泥都不敢弄掉，这都是在马路当中滚的。”

我看他脸上果然有伤痕，但也像是擦破了皮，不像是皮鞋打的。他解开上身，也看不出什么伤痕。

巡捕头问我，我告诉了我的真姓名和职业，他听说我是在华童公学教书，自然不愿得罪我。他说，还得上堂问一问，大概要罚几块钱。

他把桌子上放着的一只皮鞋和一条腰带还给我。我穿上了鞋子，才想起我本来穿有一件缎子马褂。我问他要马褂，他问那泥污的巡捕，他回说：“昨夜他就没有马褂。”

我心里明白了。

我住在海宁路的南林里，那一带在大雨的半夜里是很冷静的。我上了车就睡着了。车夫到了南林里附近，一定是问我到南林里第几衖。我大概睡的很熟，不能回答了。车夫叫我不醒，也许推我不醒，他就起了坏心思，把我身上的钱摸去了，又把我的马褂剥去了。帽子也许是他拿去了的，也许是丢了的。他大概还要剥我的皮袍，不想这时候我的“下意识”醒过来了，就和他抵抗。那一带是没有巡捕的，车夫大概是拉了车子跑了，我大概追他不上，自己也走了。皮鞋是跳舞鞋式的，没有鞋带，所以容易掉下来；也许是我跳下车来的时候就掉下来了，也许我拾起了一只鞋子来追赶那车夫。车夫走远了，我赤着一只脚在雨地里自然追不上。我慢慢的依着“下意识”走回去，醉人往往爱装面子，所以我丢了东西反唱起歌来了——也许唱歌是那个巡捕的胡说，因为我的意识生活是不会唱歌的。

这是我自己用想象来补充的一段，是没有法子证实的了。但我想到在车上熟睡的一段，不禁有点不寒而栗，身上的水湿和脸上的微伤哪能比那时刻的生命危险呢？

巡捕头许我写一封短信叫人送到我的家中。那时候郑铁如（现在的香港中国银行行长）住在我家中，我信上托他带点钱来准备罚款。

上午开堂问事的时候，几分钟就完了，我被罚了五元，做那个巡捕的养伤费和赔灯费。

我到了家中，解开皮袍，里面的棉袄也湿透了，一解开来，里面热气蒸腾：湿衣裹在身上睡了一夜，全蒸热了！我照镜子，见脸上的伤都只是皮肤上的微伤，不要紧的。可是一夜的湿气倒是可怕。

同住的有一位四川医生，姓徐，医道颇好。我请他用猛药给我解除湿气。他下了很重的泻药，泄了几天；可是后来我手指上和手腕上还发出了四处的肿毒。

那天我在镜子里看见我脸上的伤痕，和浑身的泥湿，我忍不住叹一口气，想起“天生我材必有用”的诗句，心里百分懊悔，觉得对不住我的慈母——我那在家乡时时刻刻悬念着我，期望着我的慈母！我没有掉一滴眼泪，但是我已经过了一次精神上的大转机。

我当日在床上就写信去辞了华童公学的职务，因为我觉得我的行为玷辱了那个学校的名誉。况且我已决心不做那教书的事了。

那一年（庚戌，一九一〇）是考试留美赔款官费的第二年。听说，考试取了备取的还有留在清华学校的希望。我决定关起门来预备去应考试。

许怡荪来看我，也力劝我摆脱一切去考留美官费。我所虑的有几点：一是要筹养母之费，二是要还一点小债务，三是要筹两个月的费用和北上的旅费。怡荪答应替我去设法。后来除他自己之外，帮助我的有程乐亭的父亲松堂先生，和我的族叔祖节甫先生。

39岁的胡适。

我闭户读了两个月的书，就和二哥绍之一同北上。到了北京，蒙二哥的好朋友杨景苏先生（志洵）的厚待，介绍我住在新在建筑中的女子师范学校（后来的女师大）校舍里，所以费用极省。在北京一个月，我不曾看过一次戏。

杨先生指点我读旧书，要我从《十三经注疏》用功起。我读汉儒的经学，是从这个时候起的。留美考试分两场，第一场考国文英文，及格者才许考第二场的各种科学。国文试题为《不以规矩不能成方圆说》，我想这个题目不容易发挥，又因我平日喜欢看杂书，就做了一篇乱谈考据的短文，开卷就说：

矩之作也，不可考矣。规之作也，其在周之末世乎？

下文我说《周髀算经》作圆之法足证其时尚不知道用规作圆；又孔子说“不逾矩”，而不并举规矩，至墨子孟子始以规矩并用，足证规之晚出。这完全是一时异想天开的考据，不料那时看卷子的先生也有考据癖，大赏识这篇短文，批了一百分。英文考了六十分，头场平均八十分，取了第十名。第二场考的各种科学，如西洋史，如动物学，如物理学，都是我临时抱佛脚预备起来的，所以考的很不得意。幸亏头场的分数占了大便宜，所以第二场我还考了个第五十五名。取送出洋的共七十名，我很挨近榜尾了。

南下的旅费是杨景苏先生借的。到了上海，节甫叔祖许我每年遇必要时可以垫钱寄给我的母亲供家用。怡荪也答应帮忙。没有这些好人的帮助，我是不能北去，也不能放心出国的。

我在学校里用胡洪骍的名字；这回北上应考，我怕考不取为朋友学生所笑，所以临时改用胡适的名字。从此以后，我就叫胡适了。

二十一，九，廿七夜

1914年胡适留学时期的照片

第六章

逼上梁山

——文学革命的开始

一

提起我们当时讨论“文学革命”的起因，我不能不想到那时清华学生监督处的一个怪人。这个人叫做钟文鳌，他是一个基督教徒，受了传教士和青年会的很大的影响。他在华盛顿的清华学生监督处做书记，他的职务是每月寄发各地学生应得的月费。他想利用他发支票的机会来做一点社会改革的宣传。他印了一些宣传品，和每月的支票夹在一个信封里寄给我们。他的小传单有种种花样，大致是这样的口气：

“不满二十五岁不娶妻。”

“废除汉字，取用字母。”

“多种树，种树有益。”

支票是我们每月渴望的，可是钟文鳌先生的小传单未必都受我们的欢迎。我们拆开信，把支票抽出来，就把这个好人的传单抛在字纸篓里去。

可是，钟先生的热心真可厌！他不管你看不看，每月总照样夹带一两张小传单给你。我们平时厌恶这种青年会宣传方法的，总觉得他这样滥用职权是不应该的。有一天，我又接到了他的一张传单，说中国应该改用字母拼音；说欲求教育普及，非有字母不可。我一时动了气，就写了一封短信去骂他。信上的大意是说：“你们这种不通汉文的人，不配谈改良中国文字的问题。你要谈这个问题，必须先费几年工夫，把汉文弄通了，那时你才有资格谈汉字是不是应该废除。”

这封信寄出去之后，我就有点懊悔了。等了几天，钟文鳌先生没有回信来，我更觉得我不应该这样“盛气凌人”。我想，这个问题不是一骂就可完事的。我既然说钟先生不够资格讨论此事，我们够资格的人就应该

初到美国胡适（前排右三）与中国留美学生的合影。此时的胡适已理着一头短发，成为了一名现代知识分子。

用点心思才力去研究这个问题。不然，我们就应该受钟先生训斥了。

那一年恰好东美的中国学生会新成立了一个“文学科学研究部”（Institute of Arts and Sciences），我是文学股的委员，负有准备年会时分股讨论的责任。我就同赵元任先生商量，把“中国文字的问题”作为本年文学股的论题，由他和我两个人分做两篇论文，讨论这个问题的两个方面：赵君专论《吾国文字能否采用字母制，及其进行方法》；我的题目是《如何可使我国文言易于教授》。赵君后来觉得一篇不够，连做了几篇长文，说吾国文字可以采用音标拼音，并且详述赞成与反对的理由。他后来是“国语罗马字”的主要制作人；这几篇主张中国拼音文字的论文是国语罗马字的历史的一种重要史料。

我的论文是一种过渡时代的补救办法。我的日记里记此文大旨如下：

（一）汉文问题之中心在于“汉文究可为传授教育之利器否”一问题。

（二）汉文所以不易普及者，其故不在汉文，而在教之之术之不完。同一文字也，甲以讲书之故而通文，能读书作文；乙以徒事诵读不求讲解之故而终身不能读书作文。可知受病之源在于教法。

（三）旧法之弊，盖有四端：

（1）汉文乃是半死之文字，不当以教活文字之法教之。（活文字者，日用语言之文字，如英、法文是也，如吾国之白话是也。死文字者，如希腊、拉丁，非日用之语言，已陈死矣。半死文字者，以其中尚有日用之分子在也。如犬字是已死之字，狗字是活字；乘马是死语，骑马是活语。故曰半死之文字也。）旧法不明此义，以为徒事朗诵，可得字义，此其受病之源。教死文字之法，与教外国文字略相似，须用翻译之法，译死语为活语，前谓“讲书”是也。

（2）汉文乃是视官的文字，非听官的文字。凡一字有二要，一为其声，一为其义：无论何种文字，皆不能同时并达此二者。字母的文字但能传声，不能达意，象形会意之文字，但可达意而不能传声。今之汉文已失象形会意指事之特长；而教者又不复知说文学。其结果遂令吾国文字既不能传声，又不能达意。向之有一短者，今乃并失其所长。学者不独须强记字音，又须强记字义，是事倍而功半也。欲救此弊，当鼓励字源学，当以古体与今体同列教科书中；小学教科当先令童蒙习象形指事之字，次及浅易之会意字，次及浅易之形声字。中学以上皆当习字源学。

（3）吾国文本有文法。文法乃教文字语言之捷径，今当鼓励文法学，列为必须之学科。

（4）吾国向不用文字符号，致文字不易普及；而文法之不讲，亦未始不由于此，今当力求采用一种规定之符号，以求文法之明显易解，及意义之确定不易（以上引一九一五年八月二十六日记）。

我是不反对字母拼音的中国文字的；但我的历史训练（也许是一种保守性）使我感觉字母的文字不是容易实行的，而我那时还没有想到白话可以完全替代文言，所以我那时想要改良文言的教授方法，使汉文容易教授。我那段日记的前段还说：

当此字母制未成之先，今之文言终不可废置，以其为仅有之各省交通之媒介也，以其为仅有之教育授受之具也。

我提出的四条古文教授法，都是从我早年的经验里得来的。第一条注重讲解古书，是我幼年时最得力的方法。第二条主张字源学是在美国时的一点经验，有一个美国同学跟我学中国文字，我买一部王筠的《文字蒙求》给他做课本觉得颇有功效。第三条讲求文法是我崇拜《马氏文通》的结果，也是我学习英文的经验的教训。第四条讲标点符号的重要也是学外国文得来的教训；我那几年想出了种种标点的符号，一九一五年六月为《科学》作了一篇《论句读及文字符号》的长文，约有一万字，凡规定符号十种，在引论中我讨论没有符号的三大弊：一为意义不能确定，容易误解，二为无以表示文法上的关系，三为教育不能普及。我在日记里自跋云：

吾之有意于句读及符号之学也久矣。此文乃数年来关于此问题之思想结晶而成者，初非一时兴到之作也。后此文中，当用此制。七月二日。

二

以上是一九一五年夏季的事。这时候我已承认白话是活文字，古文是半死的文字。那个夏天，任叔永（鸿隽）、梅觐庄（光迪）、杨杏佛（铨）、唐擘黄（钺）都在绮色佳（Ithaca）过夏，我们常常讨论中国文学的问题。从中国文字问题转到中国文学问题，这是一个大转变。这一班人中，最守旧的是梅觐庄，他绝对不承认中国古文是半死或全死的文字。因为他的反驳，我不能不细细想过我自己的立场。他越驳越守旧，我倒渐渐变得更激烈了。我那时常提到中国文学必须经过一场革命；“文学革命”的口号，就是那个夏天我们乱谈出来的。

梅觐庄新从芝加哥附近的西北大学毕业出来，在绮色佳过了夏，要往哈佛大学去。九月十七日，我做了一首长诗送他，诗中有这两段很大胆的宣言：

梅生梅生毋自鄙！神州文学久枯馁，百年未有健者起。

新潮之来不可止；文学革命其时矣！吾辈势不容坐视。且复号召二三子，革命军前杖马箠，鞭笞驱除一车鬼，再拜迎入新世纪！以此报国未云菲：缩地戡天差可儗。梅生梅生毋自鄙！

作歌今送梅生行，狂言人道臣当烹。我自不吐定不快，人言未足为重轻。

在这诗里，我第一次用“文学革命”一个名词。这首诗颇引起了一些小风波。原诗共有四百二十字，全篇用了十一个外国字的译音。任叔永把那诗里的一些外国字连缀起来，做了一首游戏诗送我往纽约：

牛敦爱迭孙，培根客尔文，

索虏与霍桑，“烟士披里纯”：

鞭笞一车鬼，为君生琼英。

文学今革命，作歌送胡生。

诗的末行自然是挖苦我的“文学革命”的狂言。所以我可不能把这诗当作游戏看。我在九月十九日的日记里记了一行：

任叔永戏赠诗，知我乎？罪我乎？

九月二十日，我离开绮色佳，转学到纽约去进哥伦比亚大学，在火车上用叔永的游戏诗的韵脚，写了一首很庄重的答词，寄给绮色佳的各位朋友：

诗国革命何自始？要须作诗如作文。

琢镂粉饰丧元气，貌似未必诗之纯。

小人行文颇大胆，诸公一一皆人英。

愿共僇力莫相笑，我辈不作腐儒生。

在这短诗里，我特别提出了“诗国革命”的问题，并且提出了一个“要须作诗如作文”的方案，从这个方案上，惹出了后来做白话诗的尝试。

我认定了中国诗史上的趋势，由唐诗变到宋词，无甚玄妙，只是作诗更近于作文！更近于说话。近世诗人欢喜做宋诗，其实他们不曾明白宋诗的长处在哪儿。宋朝的大诗人的绝大贡献，只在打破了六朝以来的声律的束缚，努力造成一种近于说话的诗体。我那时的主张颇受了读宋词的影响，所以说“要须作诗如作文”，又反对“琢镂粉饰”的诗。

那时我初到纽约，觐庄初到康桥，各人都很忙，没有打笔墨官司的余暇。但这只是暂时的停战，偶一接触，又爆发了。

三

一九一六年，我们的争辩最激烈，也最有效果。争辩的起点，仍旧是我的“要须作诗如作文”的一句诗。梅觐庄曾驳我道：

足下谓诗国革命始于“作诗如作文”，迪颇不以为然。诗文截然两途。诗之文字（Poetic diction）与文之文字（Prose diction）自有诗文以来。（无论中西），已分道而驰。足下为诗界革命家，改良“诗之文字”则可。若仅移“文之文字”于诗，即谓之革命，则诗界革命不成问题矣。以其太易易也。

任叔永也来信，说他赞成觐庄的主张。我觉得自己很孤立，但我终觉得他们两人的说法都不能使我心服。我不信诗与文是完全截然两途的。我答他们的信，说我的主张并不仅仅是以“文之文字”入诗。我的大意是：

今日文学大病在于徒有形式而无精神，徒有文而无质，徒有铿锵之韵，貌似之辞而已。今欲救此文胜之弊，宜从三事入手：第一须言之有物，第二须讲文法，第三，当用“文之文字”时，不可避之。三者皆以质救文胜之敝也。（二月三日）

我自己日记里记着：

吾所持论，固不徒以“文之文字”入诗而已。然不避“文之文字”，自是吾论诗之一法。……古诗如白香山之《道州民》，如老杜之《自京赴奉先咏怀》，如黄山谷之《题莲华寺》，何一非用“文之文

字”，又何一非用“诗之文字”耶？（二月三日）

这时候，我已仿佛认识了中国文学问题的性质。我认清了这问题在于“有文而无质”。怎么才可以救这个“文胜质”的毛病呢？我那时的答案还没有敢想到白话上去，我只敢说“不避文的文字”而已。但这样胆小的提议，我的一班朋友都还不能了解。梅觐庄的固执“诗的文字”与“文的文字”的区别，自不必说。任叔永也不能完全了解我的意思。他有信来说：

……要之，无论诗文，皆当有质。有文无质，则成吾国近世萎靡腐朽之文学，吾人正当廓而清之。然使以文学革命自命者，乃言之无文，欲其行远，得乎？近来颇思吾国文学不振，其最大原因，乃在文人无学。救之之法，当从绩学入手。徒于文字形式上讨论，无当也。（二月十日）

这种说法，何尝不是？但他们都不明白“文字形式”往往是可以妨碍束缚文学的本质的。“旧皮囊装不得新酒”，是西方的老话。我们也有“工欲善其事，必先利其器”的古话。文字形式是文学的工具；工具不适用，如何能达意表情？

胡适（前排右一）与康奈尔大学中国学生俱乐部成员合照。

从二月到三月，我的思想上起了一个根本的新觉悟。我曾彻底想过：一部中国文学史只是一部文字形式（工具）新陈代谢的历史，只是“活文学”随时起来替代了“死文学”的历史。文学的生命全靠能用一个时代的活的工具来表现一个时代的情感与思想。工具僵化了，必须另换新的，活的，这就是“文学革命”。例如《水浒传》上石秀说的：

你这与奴才做奴才的奴才！

我们若把这句话改作古文，“汝奴之奴”或他种译法，总不能有原文的力量。这岂不是因为死的文字不能表现活的话语？此种例证，何止千百？所以我们可以说：历史上的“文学革命”全是文学工具的革命。叔永诸人全不知道工具的重要，所以说“徒于文字形式上讨论，无当也”。他们忘了欧洲近代文学史的大教训！若没有各国的活语言作新工具，若近代欧洲文人都还须用那已死的拉丁文作工具，欧洲近代文学的勃兴是可能的吗？欧洲各国的文学革命只是文学工具的革命。中国文学史上几番革命也都是文学工具的革命。这是我的新觉悟。

我到此时才把中国文学史看明白了，才认清了中国俗话文学（从宋儒的白话语录到元朝明朝的白话戏曲和白话小说）是中国的正统文学，是代表中国文学革命自然发展的趋势的。我到此时才敢正式承认中国今日需要的文学革命是用白话替代古文的革命，是用活的工具替代死的工具的革命。

一九一六年三月间，我曾写信给梅觐庄，略说我的新见解，指出宋元的白话文学的重要价值。觐庄究竟是研究过西洋文学史的人，他回信居然很赞成我的意见。他说：

来书论宋元文学，甚启聋聩。文学革命自当从“民间文学”（Folklore, Popular poetry, Spoken language etc.）入手，此无待言。惟非经一番大战争不可。骤言俚俗文学，必为旧派文家所讪笑攻击。但我辈正欢迎其讪笑攻击耳。（三月十九日）

这封信真叫我高兴，梅觐庄也成了“我辈”了！

我在四月五日把我的见解写出来，作为两段很长的日记。第一段说：

文学革命，在吾国史上，非创见也。即以韵文而论：三百篇变而为骚，一大革命也。又变为五言七言之诗，二大革命也。赋之变为无韵之骈文，三大革命也。古诗之变为律诗，四大革命也。诗之变为词，五大革命也。词之变为曲，为剧本，六大革命也。何独于吾所持文学革命论而疑之！

第二段论散文的革命：

文亦几遭革命矣。孔子至于秦汉，中国文体始臻完备。……六朝之文亦有绝妙之作。然其时骈俪之体大盛，文以工巧雕琢见长，文法遂衰。韩退之之"文起八代之衰"，其功在于恢复散文，讲求文法，此亦一革命也。唐代文学革命家，不仅韩氏一人；初唐之小说家皆革命功臣也。"古文"一派，至今为散文正宗，然宋人谈哲理者，似悟古文之不适于用，于是语录体兴焉。语录体者，以俚语说理记事。……此亦一大革命也。……至元人之小说，此体始臻极盛。……总之，文学革命至元代而登峰造极。其时词也，曲也，剧本也，小说也，皆第一流之文学，而皆以俚语为之。其时吾国真可谓有一种"活文学"出世。倘此革命潮流（革命潮流即天演进化之迹。自其异者言之，谓之革命。自其循序渐进之迹言之，即谓之进化，可也）不遭明代八股之劫，不受诸文人复古之劫，则吾国之文学必已为俚语的文学，而吾国之语言早成为言文一致之语言，可无疑也。但丁之创意大利文，郤叟之创英吉利文，马丁·路得之创德意志文，未足独有千古矣。惜乎，五百余年来，半死之古文。半死之诗词，复夺此"活文学"之地位，而"半死文学"遂苟延残喘以至于今日。今日之文学，独我佛山人，南亭亭长，洪都百炼生诸公之小说可称"活文学"耳。文学革命何可更缓耶！何可更缓耶！（四月五日夜记）

从此以后，我觉得我已从中国文学演变的历史上寻得了中国文学问题的解决方案，所以我更自信这条路是不错的。过了几天，我作了一首《沁园春》词，写我那时的情绪：

沁园春　誓诗

更不伤春，更不悲秋，以此誓诗。

任花开也好，花飞也好，月圆固好，日落何悲？

我闻之曰，“从天而颂，孰与制天而用之？”更安用，为苍天歌哭，作彼奴为！

文学革命何疑！

且准备搴旗作健儿。

要前空千古，下开百世，收他臭腐，还我神奇。

为大中华，造新文学，此业吾曹欲让谁？诗材料，有簇新世界，供我驱驰。（四月十三日）

这首词下半阕的口气是很狂的，我自己觉得有点不安，所以修改了好多次。到了第三次修改，我把“为大中华，造新文学，此业吾曹欲让谁”的狂言，全删掉了，下半阕就改成了这个样子：

……文章要有神思，

到琢句雕词意已卑。

定不师秦七，不师黄九，但求似我，何效人为！

语必由衷，言须有物，此意寻常当告谁！从今后，傥傍人门户，不是男儿！

这次改本后，我自跋云：

吾国文学大病有三：一曰无病而呻，……二曰摹仿古人，……三曰言之无物。……顷所作词，专攻此三弊，岂徒责人，亦以自誓耳。（四月十七日）

前答觐庄书，我提出三事：言之有物，讲文法，不避“文的文字”；此跋提出的三弊，除“言之无物”与前第一事相同，余二事是添出的。后来我主张的文学改良的八件，此时已有五件了。

四

一九一六年六月中，我往克利佛兰（Cleveland）赴“第二次国际关系讨论会”（Conference of International Relations），去时来时都经过绮色佳，去时在那边住了八天，常常和任叔永，唐擘黄，杨杏佛诸君谈论改良中国文学的方法，这时候我已有了具体的方案，就是用白话作文，作诗，作戏曲。日记里记我谈话的大意有九点：

（一）今日之文言乃是一种半死的文字。

（二）今日之白话是一种活的语言。

（三）白话并不鄙俗，俗儒乃谓之俗耳。

（四）白话不但不鄙俗，而且甚优美适用。

凡言要以达意为主，其不能达意者，则为不美。如说，“赵老头回过身来，爬在街上，扑通扑通的磕了三个头。”若译作文言，更有何趣味？

（五）凡文言之所长，白话皆有之。而白话之所长，则文言未必能及之。

（六）白话并非文言之退化，乃是文言之进化，其进化之迹，略如下述：

（1）从单音的进而为复音的。

（2）从不自然的文法进而为自然的文法。例如“舜何人也”变为“舜是什么人”；“己所不欲”变为“自己不要的”。

（3）文法由繁趋简。例如代名词的一致。

（4）文言之所无，白话皆有以补充。例如文言只能说“此乃吾儿之书”，但不能说“这书是我儿子的”。

（七）白话可以产生第一流文学。白话已产生小说，戏剧，语录，诗词，此四者皆有史事可证。

（八）白话的文学为中国千年来仅有之文学。其非白话的文学，如古文，如八股，如笔记小说，皆不足与于第一流文学之列。

（九）文言的文字可读而听不懂；白话的文字既可读，又听得懂。凡演说，讲学，笔记，文言决不能应用。今日所需，乃是一种可读，可听，可歌，可讲，可记的言语。要读书不须口译，演说不须笔译；要施诸讲坛舞台而皆可，诵之村妪妇孺皆可懂。不如此者，非活的言语也，决不能成为吾国之国语也，决不能产生第一流的文学也。（七月六日追记）

七月二日，我回纽约时，重过绮色佳，遇见梅觐庄，我们谈了半天，晚上我就走了。日记里记此次谈话的大致如下：

吾以为文学在今日不当为少数文人之私产，而当以能普及最大多数之国人为一大能事。吾又以为文学不当与人事全无关系；凡世界有永久价值之文学，皆尝有大影响于世道人心者也。觐庄大攻此说，以为Utilitarian（功利主义），又以为偷得Tolstoi（托尔斯泰）之绪余；以为此等十九世纪之旧说，久为今人所弃置。

余闻之大笑。夫吾之论中国文学，全从中国一方面着想，初不管欧西批评家发何议论。吾言而是也，其为Utilitarian，其为Tolstoyan又何损其为是。吾言而非也，但当攻其所以非之处，不必问其为Utilitarian抑为Tolstoyan也。（七月十三日追记）

五

我回到纽约之后不久，绮色佳的朋友们遇着了一件小小的不幸事故，产生了一首诗，引起了一场大笔战，竟把我逼上了决心试做白话诗的路上去。

七月八日，任叔永同陈衡哲女士、梅觐庄、杨杏佛、唐擘黄在凯约嘉湖上摇船，近岸时船翻了，又遇着大雨。虽没有伤人，大家的衣服都湿了，叔永做了一首四言的《泛湖即事》长诗，寄到纽约给我看。诗中有“言櫂轻楫，以涤烦疴”；又有“猜谜赌胜，载笑载言”等等句子。恰好我是曾做《诗三百篇中“言”字解》的，看了“言櫂轻楫”的句子，有点不舒服，所以我写信给叔永说：

……再者，诗中所用“言”字“载”字，皆系死字；又如“猜谜赌胜，载笑载言”二句，上句为二十世纪之活字，下句为三千年前之死句，殊不相称也。（七月十六日）

叔永不服，回信说：

足下谓“言”字“载”字为死字，则不敢谓然。如足下意，岂因《诗经》中曾用此字，吾人今日所用字典便不当搜入耶？“载笑载言”因为“三千年前之语”，然可用以达我今日之情景，即为今日之语，而非“三千年前之死语”，此君我不同之点也。（七月十七日）

我的本意只是说“言”字“载”字在文法上的作用，在今日还未能确定，我们不可轻易乱用。我们应该铸造今日的话语来“达我今日之情景”，不当乱用意义不确定的死字。苏东坡用错了“驾言”两字，曾为章子厚所笑。这是我们应该引为训戒的。

这一点本来不很重要，不料竟引起了梅觐庄出来代抱不平：他来信说：

足下所自矜为“文学革命”真谛者，不外乎用“活字”以入文，于叔永诗中稍古之字，皆所不取，以为非“二十世纪之活字”。此种论调，固足下所恃为哓哓以提倡“新文学”者，迪又闻之素矣。夫文学革新，须洗去旧日腔套。务去陈言，固矣。然此非尽屏古人所用文字，而另以俗语白话代之之谓也。……足下以俗语白话为向来文学上不用之字，骤以入文，似觉新奇而美，实则无永久价值。因其向未经美术家之锻炼，徒委诸愚夫愚妇，无美术观念者之口，历世相传，愈趋愈下，鄙俚乃不可言。足下得之，乃矜矜自喜，眩为创获，异矣！如足下之言，则人间材智，教育，选择，诸事，皆无足算，而村农伧夫皆足为诗人美术家矣。甚至非洲之黑蛮，南洋之土人，其言文无分者，最有诗人美术家之资格也。何足下之醉心于俗语白话如是耶？至于无所谓“活文学”，亦与足下前此言之。……文字者，世界上最守旧之物也。……一字意义之变迁，必经数十或数百年而后成，又须经文学大家承认之，而恒人始沿用之焉。足下乃视改革文字如是之易易乎？……

总之，吾辈言文学革命，须谨慎以出之。尤须先精究吾国文字，始敢言改革。欲加用新字，须先用美术以锻炼之。非仅以俗语白话代之，即可了事者也（俗语白话亦有可用者，惟必须经美术家之锻炼耳）。如足下言，乃以暴易暴耳，岂得谓之改良乎？（七月十七日）

觐庄有点动了气，我要和他开开玩笑，所以做了一首一千多字的白话游戏诗回答他。开篇就是描摹老梅生气的神气：

“人闲天又凉”，老梅上战场。
拍桌骂胡适，说话太荒唐！
说什么“中国有活文学”！
说什么“须用白话做文章”！
文字那有死活！白话俗不可当！
……

第二段中有这样的话：

老梅牢骚发了，老胡呵呵大笑。
且请平心静气，这是什么论调！
文字没有古今，却有死活可道。
古人叫做“欲”，今人叫做“要”。
古人叫做“至”，今人叫做“到”。
古人叫做“溺”，今人叫做“尿”。
本来同是一字，声音少许变了。
并无雅俗可言，何必纷纷胡闹？
至于古人叫“字”，今人叫“号”；
古人悬梁，今人上吊：
古名虽未必不佳，今名又何尝不妙？
至于古人乘舆，今人坐轿；

古人加冠束帻，今人但知戴帽：

这都是古所没有，而后人所创造。

若必叫帽作巾，叫轿作舆，

岂非张冠李戴，认虎作豹？

第四段专答他说的“白话须锻炼”的意思：

今我苦口哓舌，算来却是为何？

正要求今日的文学大家，

把那些活泼泼的白话，

拿来锻炼，拿来琢磨，

拿来作文演说，作曲作歌：

出几个白话的嚣俄，

和几个白话的东坡，

那不是“活文学”是什么？

那不是“活文学”是什么？

这首“打油诗”是七月二十二日做的，一半是少年朋友的游戏，一半是我有意试做白话的韵文。但梅、任两位都大不以为然。觐庄来信大骂我，他说：

读大作如儿时听《莲花落》，真所谓革尽古今中外诗人之命者！足下诚豪健哉！（七月二十四日）

叔永来信也说：

足下此次试验之结果，乃完全失败；盖足下所作，白话则诚白话矣，韵则有韵矣，然却不可谓之诗。盖诗词之为物，除有韵之外，必须有和谐之音调，审美之辞句，非如宝玉所云“押韵就好”也。（七月二十四夜）

对于这一点，我当时颇不心服，曾有信替自己辩护，说我这首诗，当作一首Satire（嘲讽诗）看，并不算是失败，但这种“戏台里喝彩”实在大可不必。我现在回想起来，也觉得自己好笑。

但这一首游戏的白话诗，本身虽没有多大价值，在我个人做白话诗的历史上，可是很重要的。因为梅、任诸君的批评竟逼得我不能不努力试做白话诗了。觐庄的信上曾说：

文章体裁不同。小说词曲固可用白话，诗文则不可。

叔永的信上也说：

要之，白话自有白话用处（如作小说演说等），然不能用之于诗。

这样看来，白话文学在小说词曲演说的几方面，已得梅、任两君的承认了，觐庄不承认白话可作诗与文，叔永不承认白话可用来作诗。觐庄所谓“文”自然是指《古文辞类纂》一类的书里所谓“文”（近来有人叫做“美文”）。在这一点上，我毫不狐疑，因为我在几年前曾做过许多白话的议论文，我深信白话文是不难成立的。现在我们的争点，只在“白话是否可以作诗”的一个问题了。白话文学的作战，十仗之中，

1916年胡适（前排左一）与教授和同学在哥伦比亚大学师范学院合影。此时的胡适25岁，已经开始与陈独秀等讨论文学革命的问题，并作白话诗。

已胜了七八仗。现在只剩一座诗的壁垒，还须用全力去抢夺。待到白话征服这个诗国时，白话文学的胜利就可说是十足的了，所以我当时打定主意，要作先锋去打这座未投降的壁垒：就是要用全力去试做白话诗。

叔永的长信上还有几句话使我更感觉这种试验的必要，他说：

如凡白话皆可为诗，则吾国之京调高腔，何一非诗？……呜呼适之，吾人今日言文学革命，乃诚见今日文学有不可不改革之处，非特文言白话之争而已。……以足下高才有为，何为舍大道不由，而必旁逸斜出，植美卉于荆棘之中哉？……今且假定足下之文学革命成功，将令吾国作诗皆京调高腔，而陶谢李杜之流永不复见于神州，则足下之功又何如哉，心所谓危，不可不告。……足下若见听，则请从他方面讲文学革命，勿徒以白话诗为事矣。……（七月二十四夜）

这段话使我感觉他们都有一个根本上的误解。梅、任诸君都赞成“文学革命”，他们都“诚见今日文学有不可不改革之处”。但他们赞成的文学革命，只是一种空荡荡的目的，没有具体的计划，也没有下手的途径。等到我提出了一个具体的方案（用白话做一切文学的工具），他们又都不赞成了。他们都说，文学革命决不是“文言白话之争而已”。他们都说，文学革命应该有“他方面”，应该走“大道”。究竟那“他方面”是什么方面呢？究竟那“大道”是什么道呢？他们又都说不出来了；他们只知道决不是白话！

我也知道光有白话算不得新文学，我也知道新文学必须有新思想和新精神。但是我认定了：无论如何，死文字决不能产生活文学。若要造一种活的文学，必须有活的工具。那已产生的白话小说词曲，都可证明白话是最配做中国活文学的工具的。我们必须先把这个工具抬高起来，使他成为公认的中国文学工具，使他完全替代那半死的或全死的老工具。有了新工具，我们方才谈得到新思想和新精神等等其他方面。这是我的方案。现在反对的几位朋友已承认白话可以作小说戏曲了。他们还不承认白话可以作诗。这种怀疑，不仅是对于白话诗的局部怀疑，实在还是对于白话文学的根本怀疑。在他们的心里，诗与文是正宗，小说戏曲还是旁门小道。他们不承认白话诗文，其实他们是不承认白话可作中国文学的唯一工具。所以我决心要用白话来征服诗的壁垒，这不但是试验白话诗是否可能，这就是要证明白话可以做中国文学的一切门类的唯一工具。

白话可以作诗，本来是毫无可疑的。杜甫、白居易、寒山、拾得、邵雍、王安石、陆游的白话诗都可以举来作证。词曲里的白话更多了。但何以我的朋友们还不能承认白话诗的可能呢？这有两个原因：第一是因为白话诗确是不多：在那无数的古文诗里，这儿那儿的几首白话诗在数量上确是很少的。第二是因为旧日的诗人词人只有偶然用白话做诗词的，没有用全力做白话诗词的，更没有自觉的做白话诗词的。所以现在这个问题还不能光靠历史材料的证明，还须等待我们用实地试验来证明。

所以我答叔永的信上说：

总之，白话未尝不可以入诗，但白话诗尚不多见耳。古之所少有，今日岂必不可多作乎？……

白话之能不能作诗，此一问题全待吾辈解决。解决之法，不在乞怜古人，谓古之所无，今必不可有；而在吾辈实地试验。一次“完全失败”，何妨再来？若一次失败，便“期期以为不可”，此岂“科学的精神”所许乎？……

高腔京调未尝不可成为第一流文学。……适以为但有第一流文人肯用高腔京调著作，便可使京调高腔成第一流文学。病在文人胆小不敢用之耳。元人作曲可以取仕宦，下之亦可谋生，故名士如高则诚、关汉卿之流皆肯作曲作杂剧。今日高腔京调皆不文不学之戏子为之，宜其不能佳矣。此则高腔京调之不幸也。足下亦知今日受人崇拜之莎士比亚，即当时唱京调高腔者乎？与莎氏并世之培根著《论集》（*Essays*），有拉丁文英文两种本子；书既出世，培根自言，其他日不朽之名当赖拉丁文一本；而英文本则但以供一般普通俗人传诵耳，不足轻重也。此可见当时之英文的文学，其地位皆与今日京调高腔不相上下。……吾绝对不认

“京调高腔”与“陶谢李杜”为势不两立之物。今且用足下之文字以述吾梦想中之文学革命之目的，曰：

（1）文学革命的手段，要令国中之陶谢李杜敢用白话京调高腔作诗。要令国中之陶谢李杜皆能用白话与京调高腔作诗。

（2）文学革命的目的，要令中国有许多白话京调高腔的陶谢李杜，要令白话京调高腔之中产生几许陶谢李杜。

（3）今日决用不着陶谢李杜的陶谢李杜。何也？时代不同也。

（4）吾辈生于今日，与其作不能行远不能普及的《五经》两汉六朝八家文字，不如作家喻户晓的《水浒》《西游》文字。与其作似陶似谢似李似杜的诗，不如作不似陶不似谢不似李不似杜的白话诗。与其作一个“真诗”，走“大道”，学这个，学那个的陈伯严、郑苏龛，不如作一个实地试验，“旁逸斜出”“舍大道而弗由”的胡适。

此四者，乃适梦想中文学革命之宣言书也。

嗟夫，叔永，吾岂好立异以为高哉？徒以“心所谓是，不敢不为”。吾志决矣。吾自此以后，不更作文言诗词。吾之《去国集》乃是

1910年庚了赔款留美第二批录取的70名学员合影，胡适（左起三排第一人）考了第五十五名。

吾绝笔的文言韵文也。（七月二十六日）

这是我第一次宣言不做文言的诗词。过了几天，我再答叔永道：

古人说："工欲善其事，必先利其器。"文字者，文学之器也。我私心以为文言决不足为吾国将来文学之利器。施耐庵、曹雪芹诸人已实地证明作小说之利器在于白话。今尚需人实地试验白话是否可为韵文之利器耳……

我自信颇能用白话作散文，但尚未能用之于韵文。私心颇欲以数年之力，实地练习之。倘数年之后，竟能用文言白话作文作诗，无不随心所欲，岂非一大快事？

我此时练习白话韵文，颇似新辟一文学殖民地。可惜须单身匹马而往，不能多得同志，结伴同行。然我去志已决。公等假我数年之期。倘此新国尽是沙碛不毛之地，则我或终归老于"文言诗国"，亦未可知。倘幸而有成，则辟除荆棘之后，当开放门户，迎公等同来莅止耳。"狂言人道臣当烹。我自不吐定不快，人言未足为轻重。"足下定笑我狂耳。（八月四日）

这封信是我对于一班讨论文学的朋友的告别书。我把路线认清楚了，决定努力做白话诗的试验，要用试验的结果来证明我的主张的是非。所以从此之后，我不再和梅、任诸君打笔墨官司了。信中说的"可惜须单身匹马而往，不能多得同志，结伴而行"，也是我当时心里感觉的一点寂寞。我心里最感觉失望的，是我平时最敬爱的一班朋友都不肯和我同去探险。一年多的讨论，还不能说服一两个好朋友，我还妄想要在国内提倡文学革命的大运动吗？

有一天，我坐在窗口吃我自做的午餐，窗下就是一大片长林乱草，远望着赫贞江。我忽然看见一对黄蝴蝶从树梢飞下来；一会儿，一只蝴蝶飞了去了；还有一只蝴蝶独自飞了一会，也慢慢地飞下去，去寻他的同伴去了，我心里颇有点感触，感触到一种寂寞的难受，所以我写了一首白话小诗，题目就叫做《朋友》（后来才改作《蝴蝶》）：

两个黄蝴蝶，双双飞上天。

不知为什么，一个忽飞还，

剩下那一个，孤单怪可怜，

也无心上天，天上太孤单。（八月二十三日）

这种孤单的情绪，并不含有怨望我的朋友的意思。我回想起来，若没有那一班朋友和我讨论，若没有那一日一邮片，三日一长函的朋友切磋的乐趣，我自己的文学主张决不会经过那几层大变化，决不会渐渐结晶成一个有系统的方案，决不会慢慢的寻出一条光明的大路来。况且那年（一九一六）的三月间，梅觐庄对于我的俗话文学的主张，已很明白的表示赞成了（看上文引他的三月十九日来信）。后来他们的坚决反对，也许是我当时的少年意气太盛，叫朋友难堪，反引起他们的反感来了，就使他们不能平心静气的考虑我的历史见解，就使他们走上了反对的路上去。但是因为他们的反驳，我才有实地试验白话诗的决心。庄子说得好："彼出于是，是亦因彼"。一班朋友做了我多年的"他山之错"，我对他们，只有感激，决没有丝毫的怨望。

我的决心试验白话诗，一半是朋友们一年多讨论的结果，一半也是我受的实验主义的哲学的影响。实验主义教训我们：一切学理都只是一种假设；必须要证实（verified）了，然后可算是真理。证实的步骤，只是先把一个假设的理论的种种可能的结果都推想出来，然后想法子来试验这些结果是否适用，或是否能解决原来的问题。我的白话文学论不过是一个假设，这个假设的一部分（小说词曲等）已有历史的证实了；其余一部分（诗）还须等待实地试验的结果。我的白话诗的实地试验，不过是我的实验主义的一种应用。所以我的白话诗还没有写得几首，我的诗集已有了名字了，就叫做《尝试集》。我读陆游的诗，有一首诗云：

能仁院前有石像丈余，盖作大像时样也

江阁欲开千尺像，云龛先定此规模。

斜阳徙倚空三叹，尝试成功自古无。

陆放翁这首诗大概是别有所指，他的本意大概是说：小试而不得大用，是不会成功的，我借他这句诗，做我的白话诗集的名字，并且做了一首诗，说明我的尝试主义：

尝试篇

"尝试成功自古无"，放翁这话未必是。我今为下一转语，

自古成功在尝试。请看药圣尝百草，尝了一味又一味。

又如名医试丹药，何嫌六百零六次。莫想小试便成功，

那有这样容易事！有时试到千百回，始知前功尽抛弃。

即使如此已无愧，即此失败便足记。告人此路不通行；

可使脚力莫浪费。我生求师二十年，今得"尝试"两个字。

作诗做事要如此，虽未能到颇有志。作《尝试歌》颂吾师，

愿大家都来尝试！（八月三日）

这是我的实验主义的文学观。

这个长期讨论的结果，使我自己把许多散漫的思想汇集起来，成为一个系统。一九一六年的八月十九日，我写信给朱经农，中有一段说：

新文学之要点，约有八事：

（一）不用典。

（二）不用陈套语。

（三）不讲对仗。

（四）不避俗字俗语（不嫌以白话作诗词）。

（五）须讲求文法（以上为形式的方面）。

（六）不作无病之呻吟。

（七）不摹仿古人。

（八）须言之有物（以上为精神[内容]的方面）。

那年十月中，我写信给陈独秀先生，就提出这八个"文学革命"的条件，次序也是这样的。不到一个月，我写了一篇《文学改良刍议》，用复写纸抄了两份，一份给《留美学生季刊》发表，一份寄给独秀在《新青年》上发表。在这篇文字里，八件事的次序大改变了：

（一）须言之有物。

（二）不摹仿古人。

（三）须讲求文法。

（四）不作无病之呻吟。

（五）务去烂调套语。

（六）不用典。

（七）不讲对仗。

（八）不避俗字俗语。

这个新次第是有意改动的。我把“不避俗字俗语”一件放在最后，标题只是很委婉的说“不避俗字俗语”，其实是很郑重的提出我的白话文学的主张。我在那篇文字里说：

吾惟以施耐庵、曹雪芹、吴趼人为文学正宗，故有“不避俗字俗语”之论也。盖吾国言文之背驰久矣。自佛书之输入，译者以文言不足以达意，故以浅近之文译之，其体已近白话。其后佛氏讲义语录尤多用白话为之者，是为语录体之原始。及宋人讲学，以白话为语录，此体遂成讲学正体（明人因之）。当是时，白话已久入韵文，观宋人之诗词可见。乃至元时，中国北部在异族之下三百余年矣。此三百年中，中国乃发生一种通俗行远之文学，文则有《水浒》《西游》《三国》，曲则尤不可胜计。以今世眼光观之，则中国文学当以元代为至盛；传世不朽之作，当以元代为最多。此无可疑也。当是时，中国之文学最近言文合一，白话几成文学的语言矣。使此趋势不受阻遏，则中国几有一“活文学”出现，而但丁、路得之伟业几发生于神州。不意此趋势骤为明代所阻，政府即以八股取士，而当时文人以何李七子之徒，又争以复古为高。于是此千年难遇言文合一之机会，遂中道夭折也。然以今世历史进化的眼光观之，则白话文学之为中国文学之正宗，又为将来文学必用之利器，可断言也。以此之故，吾主张今日作文作诗，宜采用俗语俗字。与其用三千年前之死字，不如用二十世纪之活字。与其作不能行远不能普及之秦汉六朝文字，不如作家喻户晓之《水浒》《西游》文字也。

这完全是用我三四月中写出的中国文学史观（见上文引的四月五日日记），稍稍加上一点后来的修正，可是我受了在美国的朋友的反对，

《新青年》是20世纪20年代中国最具有影响力的新潮杂志。1917年1月，24岁的胡适在《新青年》上发表《文学改良刍议》，引发了20世纪中国文学的激烈变革。图为1915年《青年杂志》创刊号，1916年9月1日出版第二卷第一号改名为《新青年》。

胆子变小了，态度变谦虚了，所以标题但称《文学改良刍议》，而全篇不敢提起“文学革命”的旗子。篇末还说：

上述八事，乃我年来研思此一大问题之结果。……谓之“刍议”，犹云未定草也。伏惟国人同志有以匡纠是正之。

这是一个国外留学生对于国内学者的谦逊态度。文字题为“刍议”，诗集题为“尝试”，是可以不引起很大的反感的了。

陈独秀先生是一个老革命党，他起初对于我的八条件还有点怀疑（《新青年》二卷二号。其时国内好学深思的少年，如常乃惪君，也说“说理纪事之文，必当以白话行之，但不可施于美术文耳”。见《新青年》二卷四号）。但他见了我的《文学改良刍议》之后，就完全赞成我的主张；他接着写了一篇《文学革命论》（《新青年》二卷五号），正式在国内提出“文学革命”的旗帜。他说：

文学革命之气运，酝酿已非一日。其首举义旗之急先锋则为吾友胡适。余甘冒全国学究之敌，高张“文学革命军”之大旗，以为吾友之声援。旗上大书特书吾革命三大主义：

曰：推倒雕琢的，阿谀的贵族文学；建设平易的，抒情的国民文学。

曰：推倒陈腐的，铺张的古典文学；建设新鲜的，立诚的写实文学。

曰：推倒迂晦的，艰涩的山林文学；建设明了的，通俗的社会文学。

独秀之外，最初赞成我的主张的，有北京大学教授钱玄同先生（《新青年》二卷六号《通讯》；又三卷一号《通讯》）。此后文学革命

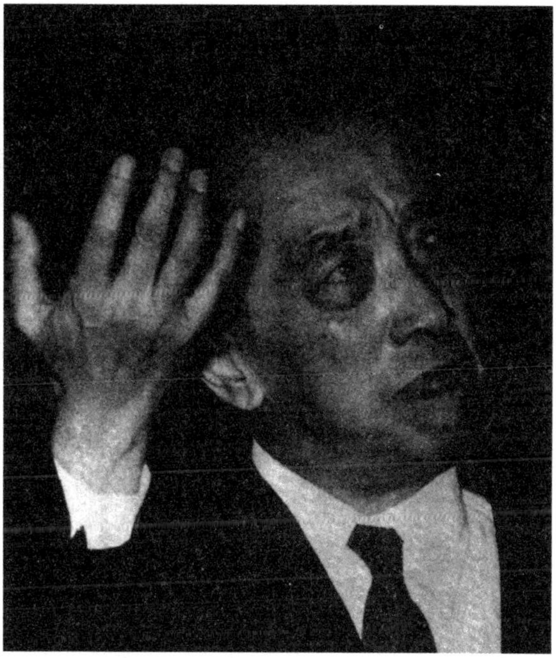

胡适演讲的风采。

的运动就从美国几个留学生的课余讨论，变成国内文人学者的讨论了。

《文学改良刍议》是一九一七年一月出版的，我在一九一七年四月九日还写了一封长信给陈独秀先生，信内说：

此事之是非，非一朝一夕所能定，亦非一二人所能定。甚愿国中人士能平心静气与吾辈同力研究此问题。讨论既熟，是非自明。吾辈已张革命之旗，虽不容退缩，然亦决不敢以吾辈所主张为必是，而不容他人之匡正也。……

陈独秀（1879—1942），中国新文化运动的发起人之一，中国文化启蒙运动的先驱，中国共产党创始人和早期领导人之一。他对胡适有知遇之恩，但最终，两人还是因不同的政治理念分道扬镳。

独秀在《新青年》（第三卷三号）上答我道：

鄙意容纳异议，自由讨论，固为学术发达之原则，独至改良中国文学当以白话为正宗之说，其是非甚明，必不容反对者有讨论之余地；必以吾辈所主张者为绝对之是，而不容他人之匡正也。盖以吾国文化倘已至文言一致地步，则以国语为文，达意状物，岂非天经地义？尚有何种疑义必待讨论乎？其必欲摈弃国语文学，而悍然以古文为正宗者，犹之清初历家排斥西法，乾嘉畴人非难地球绕日之说，吾辈实无余闲与之作此无谓之讨论也。

这样武断的态度，真是一个老革命党的口气。我们一年多的文学讨论的结果，得着了这样一个坚强的革命家做宣传者，做推行者，不久就成为一个有力的大运动了。

（《四十自述》的一章，二十二年十二月三日夜脱稿）

附录一：胡适文章精选

中国文艺复兴

各位男女：

学校当局赐给我这个博士衔，我很觉得欢喜。把这个荣誉赐给这么的一个徒然晓得写诗作文章的人，实在不如那些化学家，机器师，和其他着实地造益大众的人般值得哪。大学当局以这个学位赐给一个不相干的中国人，还是破题儿第一遭吧。我希望这次是将来许多同样的机会的先导啊！至于所谓“中国文艺复兴”，有许多人以为是一个文学的运动而已；也有些人以为这不过是把我国的语文简单化罢了。可是，它却有一个更广阔的涵义。它包含着给与人们一个活文学，同时创造了新的人生观。它是对我国的传统的成见给与重新估价，也包含一种能够增进和发展各种科学的研究的学术。检讨中国的文化的遗产也是它的一个中心的工夫。

假如把这个运动的范围收缩到为一个文学的运动，它仍然不就是中国的言语或文学底简单化而已。我国的文字，因为采用了语体，反弄得繁杂起来，可是也因此而变为丰富了。所有的活的语文都是在滋长着的东西，所以无论如何是没法使活的语文简单起来的。现在的中国文比二十年前底丰富得许多。今日学校里的字最少比四书五经多得百倍。新的名词和语法，每日在增加着的啊。

所谓千字运动（1000-Character movement），不过是文学革命的一小部分而已。选出了一千个基本字来，不过想教给那些没有机会去受教育的成人罢了。说这个就是把中国文字简单化了是很不确的。

中国的文艺复兴，不是徒然采用了活的文字来做教育的工具，同时是做一切的文学作品的工具底一种运动。因为白话文普遍化，大众都懂得，所以执政者，以至于其党，都利用它来做宣传的工具了。

大约二千年前，汉朝有一个首相向皇帝上一张奏说，那些以经典般的文字写成的谕旨和法律，不特百姓们看不懂它，就是奉行它的官吏们也读不懂它。结果，就因此采行了科举制度了。政府只会奖励那些熟识经学的读书人，对那些熟读一两部经的，能够背诵和写下全部经文而没有错的人就赏赐官衔，后来甚至给以爵禄，于是，中国的读书人便穷年累月的去求熟读四书五经了。当时，读书人仅占人数的很小部分而已。能够考取科名的，又更加少了。可是，他们是不惜花费了一生的精力来求熟习这死文学的。

当中国初和现代各国接触的时候，执政的人们便知道了这样的有百分之八十五以上不识字的人是不能够在这个世界上安然的生存着的了。自从三十年前发生了这个思想，办法也就立刻想了出来。那问题是：“我们还可以用这个死的东西来做现代日常生活的工具吗？”

于是乎有些人提议用一种新的中国字母来教民众读书写字；也有些提议用语体文和编印些简易的书报来教导民众。

真正的解决办法，并不是出乎热练的改革家，而是出于美国的一所大学宿舍里，我和留美的同学争论过许多次，后来终于认定了所有的我国的真正伟大的诗歌和文学作品，都是当时的人拿当时的语言写成而不是拿死文字写成的，那时候是1916年。我同时又得到一个结论：凡是中国的伟大的文学作品，都是由大众们产生出来，并不是由那些学者读书人们产生出来的——他们实在忙着研究那死文字哪！千百年来的销路最好的惊人的民歌，故事，小说，都是出于市井之人街边说书，和其他同类的很熟识语言的人的手。

1917年，我写信给文学院长，说明我的意见，同时寄了几首白话诗。它马上就得到了许多同情的接待，美洲的华侨们又欢喜的理论，也得到当时独一无二的国立大学底赞许。

中国语实在是世界上各种言语——包含了英语——中最简易的一种。很不幸，英国语老早就写了下来，和印了出来，以致现在有强动词和弱动词（Strong verbs & Weak verbs）的分别及其它许多的文法的成例而没法除去。反之，中国的语文是单易而清楚，因为它没有阻碍地经过二千多年的洗炼和改良，至到现在成了完美的阶段，所以孩子们仆役们说来的时候也丝毫没有文法上的错误。外国的小孩子在中国生长，许多先就学会了中国语才学会他自己的国语便是中国语的简易底例证。

文人学者们终于致力于这个迟迟才发生的文学革命了，也开始明白地认识了这个给人轻视的白话了。其实，它实在不应该给人轻视的——它是将来中国的国语和产生一切的文学作品的。

我年前出版的《中国哲学史大纲》，就是用白话写成的。当时的出版人问我是不是五百本就够了呢。后来费了几许唇舌，他才肯印一千本。谁知第一版在两星期内售清，第二版也在两个月也卖个精光，自此后，几年来的销路都不坏。

现在的出版界，需要的是国语文的东西，因为销路可比文言的东西多得三十倍。

除掉中国东南部从上海到广州沿海的一带，其余各地的中国人都说着同样的言语——那是一种很适合这个新的运动的国语。

中学国文的教授

我是没有中学国文教授的经验的；虽然做过两年中学学生，但是那是十几年前的经验，现在已不适用了。况且当这个学制根本动摇的时代，我们全没有现成的标准可以依据，也没有过去的经验可以参考。我这个完全门外汉居然敢来高谈中学国文的教授，真是不自量力了！

但是门外汉有时也有一点用处。“内行”的教育家，因为专做这一项事业，眼光总注射在他的“本行”，跳不出习惯法的范围。他们筹划的改革，总不免被成见拘束住了，很不容易有根本的改革。门外旁观的人，因为思想比较自由些，也许有时还能供给一点新鲜的意见，意外的参考材料。古人说的“愚者一得”，大概也是这个道理。这就是我这回敢来演说《中学国文的教授》的理由了。

一　中学国文的目的是什么?

我们现在既没有过去的标准可以依据，应该自己先定一个理想的标准。究竟中学的国文应该做到什么地位？究竟我们期望中学毕业生的国文到什么程度?

民国元年的《中学校令施行细则》第三条说：

> 国文要旨在通解普通语言文字，能自由发表思想，并使略解高深文字，涵养文学之兴趣，兼以启发智德。

这一条因为也是理想的，并不曾实行，故现在看来还没有什么大错误。即如“通解普通语言文字”一句，在当初不过是欺人的门面话，实在当时中学的国文与“普通语言”是无有关系的；但是到了现在国语进行的时候，这六个字反更有意义了。又如“并使略解高深文字”一句，当日很难定一个界说，现在把国语和古文分开，把古文来解“高深文字”，这句话便更容易解说了。

元年定的理想标准，照这八年的成绩看来，可算得完全失败。失败的原因并不在理想太高，实在是因为方法大错了。标准定的是“通解普通语言文字”，但是事实上中学校教授的并不是普通的语言文字，乃是少数文人用的文字，语言更用不着了！标准又定“能自由发表思想”，但是事实上中学教员并不许学生自由发表思想，却硬要他们用千百年前的人的文字，学古人的声调文体，说古人的话——只不要自由发表思想！事实上的方法和理想上的标准相差这样远，怪不得要失败了！

我承认元年定的标准不算过高，故斟酌现在情形，暂定一个中学国文的理想标准：

（1）人人能用国语（白话）自由发表思想——作文，演说，谈话——都能明白通畅，没有文法上的错误。

（2）人人能看平易的古文书籍，如《二十四史》《资治通鉴》之类。

（3）人人能作文法通顺的古文。

（4）人人有懂得一点古文文学的机会。

这些要求不算苛求吗？

二　假定的中学国文课程

定了标准，方才可谈中学国文的课程。现行的部定课程是：

第一年：讲读，作文，习字。	共七
第二年：讲读，作文，习字，文字源流。	共七
第三年：讲读，作文，习字，文法要略。	共五
第四年：讲读，作文，文法要略，文学史。	共五

依我们看来，现在中学校各项功课平均每周男校三十四时，女校三十三时，未免太重了。我们主张国文每周至多不能过五时，四周总数应在二十时以下。现在假定每周五时，暂定课程表如下：

年一：国语文一，古文三，文法与作文一。　　共五

年二：国语文一，古文三，文法与作文一。 共五

年三：演说一，古文三，文法与作文一。 共五

年四：辩论一，古文三，文法与作文一。 共五

这表里删去的学科是习字，文字源流，文学史，文法要略四项。写字决不是每周一小时的课堂习字能够教得好的，故可删去。现有的《文法要略》《文字源流》，都是不通文法和不懂文字学的人编的，读了无益，反有害。（孙中山先生曾指出《文法要略》的大错，如谓鸽与猨为本名字，与诸葛亮、王猛同一类！）文学史更不能存在。不先懂得一点文学，就读文学史，记得许多李益、李颀、老杜、小杜的名字，却不知道他们的著作，有什么用处？

又这表上“国语文”只有两时。我的理由是：

（1）第三四年的演说和辩论都是国语与国语文的实习，故这两年可以不用国语文了。

（2）我假定学生在两级小学时已有了七年的国语，可以够用了。

三　国语文的教材与教授法

先说“国语文”的教材。共分三部：

（1）看小说　看二十部以上，五十部以下的白话小说。例如《水浒传》《红楼梦》《西游记》《儒林外史》《镜花缘》《七侠五义》《二十年目睹之怪现状》《恨海》《九命奇冤》《文明小史》《官场现形记》《老残游记》《侠隐记》《续侠隐记》等等。此外有好的短篇白话小说，也可以选读。

（2）白话的戏剧　此时还不多，将来一定会多的。

（3）长篇的议论文与学术文　因为我假定学生在两级小学已有了七年的白话文，故中学只教长篇的议论文与学术文，如戴季陶的《我的日本观》，如胡汉民的《惯习之打破》，如章太炎的《说六书》之类。

教材一层，最须说明的大概是小说一项。一定有人说《红楼梦》《水浒传》等书，有许多淫秽的地方，不宜用作课本。我的理由是：（1）这些书是禁不绝的。你们不许学生看，学生还是要偷看。与其偷

看，不如当官看，不如有教员指导他们看。举一个极端的例：《金瓶梅》的真本是犯禁的，很不容易得着；但是假的《金瓶梅》——石印的，删去最精彩的部分，只留最淫秽的部分——却仍旧在各地火车站公然出卖！列位热心名教的先生们可知道吗？我虽然不主张用《金瓶梅》作中学课本，但是我反对这种"塞住耳朵吃海蜇"的办法！（2）还有一个救弊的办法，就是西洋人所谓"洗净了的版本"（Expurgated edition），把那些淫秽的部分删节去，专作"学校用本"（即如柏拉图的《一夕话》（*Symposium*）有两译本，一是全本，一是节本）。商务印书馆新出一种《儒林外史》，比齐省堂本少四回，删去的四回是沈琼枝一段事迹，因为有琼花观求子一节，故删去了。这种办法不碍本书的价值，很可以照办。如《水浒传》的潘金莲一段尽可删改一点，便可作中学堂用本了。

次说国语文的教授法。

（1）小说与戏剧，先由教员指定分量——自何处起，至何处止——由学生自己阅看。

讲堂上止有讨论，不用讲解。

（2）指定分量之法，须用一件事的始末起结作一次的教材。如《水浒传》劫"生辰纲"一件事作一次，闹江州又作一次；《儒林外史》严贡生兄弟作一次，杜少卿作一次，娄家弟兄又作一次；又《西游记》前八回作一次。

（3）课堂上讨论，须跟着材料变换，不能一定。例如《镜花缘》上写林之洋在女儿国穿耳缠足一段，是问题小说，教员应该使学生明白作者"设身处地"的意思，借此引起他们研究社会问题的兴趣。又如《西游记》前八回是神话滑稽小说，教员应该使学生懂得作者为什么要写一个庄严的天宫盛会被一个猴子捣乱了。又如《儒林外史》写鲍文卿一段，教员应该使学生把严贡生一段比较着看，使他们知道什么叫做人类平等，什么叫做衣冠禽兽。

（4）无论是小说，是戏剧，教员应该点出布局，描写的技术，文章的体裁，等等。

（5）读戏剧时，可选精彩的部分令学生分任戏里的人物，高声演读。若能在台上演做，那更好了。

（6）长篇的议论文与学术文，也由学生自己预备，上课时教员指导学生讨论。讨论应注重：

（甲）本文的解剖：分段，分小节。

（乙）本文的材料如何分配使用。

（丙）本文的论理：看好文章的思想条理，远胜于读一部法式的论理学。

四　演说与辩论

须认明这两项是国语与国语文的实用教法。凡能演说，能辩论的人，没有不会做国语文的。做文章的第一个条件只是思想有条理，有层次。演说辩论最能帮助学生养成有条理系统的思想能力。

（1）择题　演说题须避太抽象，太拢统的题目。如“宗教”，如“爱国”，如“社会改造”等题，最能养成夸大的心理，拢统的思想。从前小学堂国文题如“富国强兵策”等等，就是犯了这个毛病。中学生演说应该选“肥皂何以能去污垢？”“松柏何以能冬青？”“本村绅士某某人卖选举票的可耻”一类的具体题目。辩论题须选两方面都有理可说的题；如“鸦片宜严禁”只有一方面，是不可用的。

（2）方法　演说辩论的班次不宜人数太多，太多了一个人每年轮不着几回；也不宜太少，太少了演说的人没有趣味。每班可分作小组，每组不可过十六人。演说不宜太长，十分钟尽够了。演说的人须先一星期就选定题目，先作一个大纲，请教员看过，然后每段发挥，作成全篇演说。辩论须先分组，每组两人，或三人。选定主张或反对的方面后，每组自己去搜集材料，商量分配的方法，发言的先后。

辩论分两步。第一步是“立论”，每组的组员按预定的次序发言。第二步是“驳论”，每组反驳对手的理由。预备辩论时，每组须计算反对党大概要提出什么理由来，须先预备反驳的材料。这种预备有两大益处：（1）可以养成敏捷精细的思想能力，（2）可以养成智识上的互助精神。辩论演说时，教员与学生各备铅笔，记录可批评的论点与姿势，下次上课时，大家提出讨论。

五　古文的教材与教授法

先说中学古文的教材。

（1）第一学年　第一年专读近人的文章。例如梁任公、康长素、严几道、章行严、章太炎等人的散文，都可选读。此外还应该多看小说。林琴南早年译的小说，如《茶花女遗事》《战血余腥记》《撒克逊劫后英雄略》《十字军英雄记》，朱树人的《穑者传》等书，都可以看。还有著作不多的学者，如蔡孑民《答林琴南书》，吴稚晖《上下古今谈序》，又如我的朋友李守常、李剑农、高一涵做的古文，都可以选读。平心而论，章行严一派的古文，李守常、李剑农、高一涵等在内——最没有流弊，文法很精密，论理也好，最适宜于中学模范近古文之用。

（2）第二三四学年　后三年应该多读古人的古文。我主张分两种教材：

（甲）选本。不分种类，但依时代的先后，选两三百篇文理通畅，内容可取的文章。从《老子》《论语》《檀弓》《左传》，一直到姚鼐、曾国藩，每一个时代文体上的重要变迁，都应该有代表。这就是最切实的中国文学史，此外中学堂用不着什么中国文学史了。

（乙）自修的古文书。最重要的还是学生自己看的书。一个中学堂的毕业生应该看过下列的几部书：

（a）史书：《资治通鉴》或《四史》（或《通鉴纪事本末》）。

（b）子书：《孟子》《墨子》《荀子》《韩非子》《淮南子》《论衡》等等。

（c）文学书：《诗经》是不可不看的。此外可随学生性之所近，选习两三部专集，如陶潜、杜甫、王安石、陈同甫……之类。

我拟的中学国文课程中最容易引起反对的，大概就在古文教材的范围与分量。一定有人说："从前中学国文只用四本薄薄的古文读本，还教不出什么成绩来。现在你定的功课竟比从前增多了十倍！这不是做梦吗？"我的回答是：

（第一）从前的中学国文所以没有成效，正因为中学堂用的书只有那几本薄薄的古文读本。我们试回头想想，我们自己做古文是怎样学的？是单靠八九十篇古文得来的呢？还是靠看小说看古文书得来的？我自己从来背不出一篇古文，但是因为我自小就爱看小说，看史书，看杂书，所以我还懂得一点古文的文法。古文的选本都是零碎的，没头没脑的，不成系统的，没有趣味的。因此，读古文选本是最没有趣味的事。因为没有趣味，所以没有成效。我可以武断现在中学毕业生能通中文的，都是自己看小说看杂志看书得来的，决不是靠课堂上几本古文选本得来的。我因此主张用"看书"来代替"讲读"。与其读王安石的《读孟尝君传》，不如看《史记》的《四公子列传》；与其读苏轼的《范增论》，不如看《史记》的《项羽本纪》；与其读林琴南的一部《古文读本》，不如看他译的一本《茶花女》。

（第二）请大家不要把中学生当小孩子看待。现在学制的大弊就是把学生求知识的能力看得太低了。现在各级学堂的课程，都是为下下的低能儿定的，所以没有成绩。现在要谈学制革命，第一步就该根本推翻这种为下下的低能儿定的课程学科！

（第三）我这个计划是假定两级小学都已采用国语做教科书了。国语代替文言以后，若不能于七年之内，使高小毕业生能做通顺的国语文，那便是国语教育的大失败。学生既通国语，又在中学第一年有了国语文法（见下），再来学古文，应该更容易好几倍；成绩应该加快好几倍。譬如已通一国文字的人，再学第二国文字时，成绩要快得多。这是我深信不疑的。所以我觉得我拟的中学古文课程并不是梦想，是可以用实地试验来决定的。

再说古文的教授法。上文说的用看书来代讲读，便是教授法的要点。每周三小时，每年至多不过四十周，合起来不过一百二十点钟，若全靠课堂上的讲读，一年能讲得几篇文章？所以我主张：学校但规定学科内容的范围与程度，教员自己分配每一课的分量，学生自己去预备本日指定的功课。学生须自己翻查字典，自己加句读，自己分章，分节。上课时，只有三件事可做：

（1）学生质问疑难，请教员帮助解释；教员可先问本班学生有能解释的没有；如没有人能解释，教员方可替他们解释。

（2）大家讨论所读的书的内容。教员提出论点，引起大家讨论；教员不当把一点钟的时间自己占据去，教员的职务在于指点出讨论的错误或不相干的讨论。

（3）教员可以随时加入一些参考材料。例如读章行严的文章时，教员应该讲民国三四年的政治形势，使学生知道他当时为什么主张调和，为什么主张联邦。

此外的方法，上文第三章已讲过，可以参用，不必重说了。

六　文法与作文

从前教作文的人大概都不懂文法，他们改文章全无标准，只靠机械的读下去，读得顺口便是，不顺口便不是，总讲不出为什么要这样做，为什么不可那样做。以后中学堂的国文教员应该有文法学的知识，不懂文法的，决不配做国文教员。所以我把文法与作文并归一个人教授。

先讲文法。

第一年，专讲国语的文法。要在一年之内，把白话文法的要旨都讲完。为什么先讲国语的文法呢？（1）因为学生有了七年的国语文，到中学一年的时候，应该把国语文的“所以然”总括起来讲解一遍，作一个国语教育的结束。（2）因为先有了国语的文法作底子，后来讲古文的文法便有了一种参考比较的材料，便更容易懂得了（我现在编一部《国语文法草案》，不久可以成书，此地不能细说国语文法的怎样编法了）。

第二三四年，讲古文的文法。

（1）用书　现在还没有好文法书。最好的书自然还要算《马氏文通》。《文通》有一些错误矛盾的地方，不可盲从；《文通》又太繁了，不合中学堂教本之用。但是《文通》究竟是一部空前的奇书，古文文法学的宝库。教员应该把《文通》仔细研究一遍，懂得了，然后可以另编一部更有条理，更简明易晓的文法书。

（2）教授法　讲古文的文法，应该处处同国语的文法对照比较，指出同的地方和不同的地方，何以变了，变的理由何在，变的长处或短处在什么地方。让我举几个例：

（例一）白话说“我骗谁？”古文要说“吾谁欺？”白话说“你爱什么？你能做什么？”古文要说“客何好，客何能？”这是不同的句法。比较的结果得一条通则：“若外动词的止词是一个疑问代名词，这个疑问代名词在白话里须放在外动词之后，在古文里须在外动词之前主词之后。”

（例二）《论语》阳货欲见孔子一章，阳货在路上教训了孔子一顿，孔子答应道：“诺，吾将仕矣。”同类的例如“原将降矣”，“赵将亡矣”。既用表示未来的“将”字，何以又用表示完了的“矣”字呢？再看白话说：“大哥请回，兄弟去了”“大哥多喝一杯，我要走了。”这是相同的句法，比较起来，可得一条通则：“凡虚拟（Subjunctive）的将来，白话与古文都用过去的动词，古文用‘矣’，白话用‘了’。”分得更细一点，可得两式：

甲式	乙式
虽千万人吾往矣。	赵将亡矣。
我去了。	他要死了。

这种比较的教法功效最大。此外还可用批评法：由教员寻出古文中不合文法的例句，使学生指出错在何处，何以错了。我从前曾举林琴南“而方姚卒不之踣”一句，说“踣”是内动词，不该有“之”字作止词。这种不通的句子古文里极多。前天上海《晶报》上有人举《孟子》“天油然作云，沛然下雨，则苗勃然兴之矣”一句，以为“兴”是内动词，不可有“之”字作止词。这个例很可为林先生解嘲！这一类的

例，使学生批评，可以增长文法的兴趣，可以免去文法的错误。

次讲作文。

（1）应该多做翻译，翻白话作古文，翻古文作白话文。翻译的用处最大：（一）练习文法的应用。例如讲动词的止词时，可令学生翻译“己所不欲，勿施于人”“无所不能”“他什么都不懂”等句，使他们懂得止词的位置有种种不同的变法。（二）译长篇可使学生练习有材料的文字。做文最忌没有话说。翻译现成的长篇，先有材料作底子，再讲究怎样说法，便容易了。

（2）若是出题目做的文章，应注意几点：（一）最好是令学生自己出题目，（二）千万不可出空泛或抽象的题目，（三）题目的要件是：第一要能引起学生的兴味，第二要能引学生去搜集材料，第三要能使学生运用已有的经验学识。

（3）学生平日做的笔记，杂志文章，长篇通信，都可以代替课艺。教员应该极力鼓励学生写长信，作有系统的笔记，自由发表意见。这些著作往往比敷衍的课艺高无数倍；往往有许多学生平日不能做一百字的《汉武帝论》，却能做几千字的白话通信。这种事实应该使做教员的人起一点自责的觉悟！

（4）作文的时间不可多，至多二周一次。作文都该拿下堂去做。

（5）改文章时，应该根据文法。合文法的才是通，不合文法的便是不通。每改一句，须指出根据那一条文法通则。例如有学生做了“而方姚卒不之踣”，我圈去“之”字，须说明“之”字何以不通。又如学生做了“客好何？”我改为“客何好？”或“客好何物？”也须说明古文何以不可说“客好何”。

（6）千万不可整篇涂去，由教员重作。如有内容论理上的错误，可由教员批出，但不可代做。

七　结论

我这篇《中学国文的教授》，完全是理想的。一个人的理想自然是有限的，但我希望现在和将来的中学教育家肯给我一个试验的机会，使我这个理想的计划随时得用试验来证明那一部分可行，那一部分不可行，那一部分应该修正。没有试验的主观批评是不能使我心服的。

我演说之后，有许多人议论我的主张，他们都以为我对于中学生的期望太高了。有人说："若照胡适之的计划，现在高等师范国文部的毕业生还得重进高等小学去读书呢！"这话固然是太过，但我深信我对于中学生的国文程度的希望，并不算太高。从国民学校到中学毕业是整整的十一年。十一年的国文教育，若不能做到我所期望的程度，那便是中国教育的大失败！

九年三月二十四日北京

为什么读书

青年会叫我在未离南方赴北方之前在这里谈谈，我很高兴，题目是为什么读书。现在读书运动大会①开始，青年会拣定了三个演讲题目。我看第二题目怎样读书很有兴味，第三题目读什么书②更有兴味，第一题目无法讲，为什么读书，连小孩子都知道，讲起来很难为情，而且也讲不好。所以我今天讲这个题目，不免要侵犯其余两个题目的范围，不过我仍旧要为其余两位演讲的人留一些余地。现在我就把这个题目来试一下看。我从前也有过一次关于读书的演讲，后来我把那篇演讲录略事修改，编入三集文存里面，那篇文章题目叫做《读书》，其内容性质较近于第二题目，诸位可以拿来参考。今天我就来试试为什么读书这个题目。

从前有一位大哲学家③做了一篇读书乐，说到读书的好处，他说："书中自有千钟粟，书中自有黄金屋，书中自有颜如玉。"这意思就是说，读了书可以做大官，获厚禄，可以不至于住茅草房子，可以娶得年轻的漂亮太太（台下哄笑）。诸位听了笑起来，足见诸位对于这位哲学家所说的话不十分满意，现在我就讲所以要读书的别的原因。

为什么要读书？有三点可以讲：第一，因为书是过去已经知道的智

---

①"读书运动大会"，上海青年会智育部干事沈嗣庄发起。会务设在青年会二楼。会期自11月6日至9日止。

②读什么书，当时讲者为王云五先生。

③"一位大哲学家"疑为朱柏庐。宋真宗《劝学篇》中亦有此数语。其全文云："富家不用买良田，书中自有千钟粟；安居不用架高堂，书中自有黄金屋；娶妻莫恨无良媒，书中自有颜如玉。出门莫恨无人随，书中车马多如簇。男女欲遂平生志，五经勤向窗前读。"

识学问和经验的一种记录，我们读书便是要接受这人类的遗产；第二，为要读书而读书，读了书便可以多读书；第三，读书可以帮助我们解决困难，应付环境，并可获得思想材料的来源。我一踏进青年会的大门，就看见许多关于读书的标语。为什么读书？大概诸位看了这些标语就都已知道了，现在我就把以上三点更详细的说一说。

第一，因为书是代表人类老祖宗传给我们的智识的遗产，我们接受了这遗产，以此为基础，可以继续发荣光大，更在这基础之上，建立更高深更伟大的智识。人类之所以与别的动物不同，就是因为人有语言文字，可以把智识传给别人，又传至后人，再加以印刷术的发明，许多书报便印了出来。人的脑很大，与猴不同，人能造出语言，后来更进一步而有文字，又能刻木刻字；所以人最大的贡献就是过去的智识和经验，使后人可以节省许多脑力。非洲野蛮人在山野中遇见鹿，他们就画了一个人和一只鹿以代信，给后面的人叫他们勿追。但是把智识和经验遗给儿孙有什么用处呢？这是有用处的，因为这是前人很好的教训。现在学校里各种教科，如物理、化学、历史，等等，都是根据几千年来进步的智识编纂成书的，一年、两年，或者三年，教完一科。自小学、中学，而至大学毕业，这十六年中所受的教育，都是代表我们老祖宗几千年来得来的智识学问和经验。所谓进化，就是叫人节省劳力，蜜蜂虽能筑巢，能发明，但传下来就只有这一点智识，没有继续去改革改良，以应付环境，没有做格外进一步的工作。人呢，达不到目的，就再去求进步，而以前人的智识学问和经验作参考。如果每样东西，要个个人从头学起，而不去利用过去的智识，那不是太麻烦吗？所以人有了这智识的遗产，就可以自己去成家立业，就可以缩短工作，使有余力做别的事。

第二点稍复杂，就是为读书而读书。读书不是那么容易的一件事情，不读书不能读书，要能读书才能多读书。好比戴了眼镜，小的可以放大，糊涂的可以看得清楚，远的可以变为近。读书也要戴眼镜。眼镜越好，读书的了解力也越大。王安石对曾子固说："读经而已，则不足以知经。”所以他对于本草、内经、小说，无所不读，这样对于经才可以明白一些。王安石说：“致其知而后读。”

请你们注意，他不说读书以致知，却说，先致知而后读书。读书固然可以扩充知识；但知识越扩充了，读书的能力也越大。这便是“为读书而读书”的意义。

试举《诗经》作一个例子。从前的学者把《诗经》看作“美”“刺”的圣书，越讲越不通。现在的人应该多预备几副好眼镜，人类学的眼镜，考古学的眼镜，文法学的眼镜，文学的眼镜。眼镜越多越好，越精越好。例如“野有死麇，白茅包之。有女怀春，吉士诱之”；我们若知道比较民俗学，便可以知道打了野兽送到女子家去求婚，是平常的事。又如“钟鼓乐之，琴瑟友之”，也不必说什么文王太姒，只可看作少年男子在女子的门口或窗下奏乐唱和，这也是很平常的事。再从文法方面来观察，像《诗经》里“之子于归”“黄鸟于飞”“凤凰于飞”的“于”字①，此外，《诗经》里又有几百个的“维”字，还有许多“助词”“语词”，这些都是有作用而无意义的虚字，但以前的人却从未注意及此。这些字若不明白，《诗经》便不能懂。再说在《墨子》一书里，有点光学、力学；又有点经济学。但你要懂得光学，才能懂得墨子所说的光；你要懂得各种智识，才能懂得《墨子》里一些最难懂的文句。总之，读书是为了要读书，多读书更可以读书。最大的毛病就在怕读书，怕读难书。越难读的书我们越要征服它们，把它们作为我们的奴隶或向导，我们才能够打倒难书，这才是我们的“读书乐”。若是我们有了基本的科学知识，那末，我们在读书时便能左右逢源。我再说一遍，读书的目的在于读书，要读书越多才可以读书越多。

第三点，读书可以帮助解决困难，应付环境，供给思想材料。知识是思想材料的来源。思想可分作五步。思想的起源是大的疑问。吃饭拉屎不用想，但逢着三岔路口，十字街头那样的环境，就发生困难了。

---

①“于”字参看《青年界》第四期胡适的《〈周南〉新解》。

走东或走西，这样做或是那样做，有了困难，才有思想。第二步要把问题弄清，究竟困难在那一点上。第三步才想到如何解决，这一步，俗话叫做出主意。但主意太多，都采用也不行，必须要挑选。但主意太少，或者竟全无主意，那就更没有办法了。第四步就是要选择一个假定的解决方法。要想到这一个方法能不能解决。若不能，那末，就换一个；若能，就行了。这好比开锁，这一个钥匙开不开，就换一个；假定是可以开的，那末，问题就解决了。第五步就是证实。凡是有条理的思想都要经过这步，或是逃不了这五个阶段。科学家要解决问题，侦探要侦探案件，多经过这五步。

这五步之中，第三步是最重要的关键。问题当前，全靠有主意（Ideas）。主意从哪儿来呢？从学问经验中来。没有智识的人，见了问题，两眼白瞪瞪，抓耳挠腮，一个主意都不来。学问丰富的人，见着困难问题，东一个主意，西一个主意，挤上来，涌上来，请求你录用。读书是过去智识学问经验的记录，而智识学问经验就是要用在这时候，所谓养军千日，用在一朝。否则，学问一些都没有，遇到困难就要糊涂起来。例如达尔文把生物变迁现象研究了几十年，却想不出一个原则去整统他的材料。后来无意中看到马尔萨斯的人口论，说人口是按照几何学级数一倍一倍的增加，粮食是按照数学级数增加，达尔文研究了这原则，忽然触机，就把这原则应用到生物学上去，创了物竞天择的学说。读了经济学的书，可以得着一个解决生物学上的困难问题，这便是读书的功用。古人说："开卷有益"，正是此意。读书不是单为文凭功名，只因为书中可以供给学问知识，可以帮助我们解决困难，可以帮助我们思想。又譬如从前的人以为地球是世界的中心，后来天文学家哥白尼却主张太阳是世界的中心，绕着地球而行。据罗素说，哥白尼所以这样的解说，是因为希腊人已经讲过这句话；假使希腊没有这句话，恐怕更不容易有人敢说这句话吧。这也是读书的好处。有一家书店印了一部旧小说叫做《醒世姻缘》，要我作序。这部书是西周生所著的，印好在我家藏了六年，我还不曾考出西周生是谁。这部小说讲到婚姻问题，其内容是这样：有个好老婆，不知何故，后来忽然变坏，作者没有提及解决方法，也没有想到可以离婚，只说是前世作孽，因为在前世男虐待女，女就投生换样子，压迫者变为被压迫者。这种前世作孽，起先相爱，后来忽变的故事，我仿佛什么地方看见过。后来忽然想起《聊斋》一书中有一篇和这相类似的笔记，也是说到一个女子，起先怎样爱着她的丈夫，后来怎样变为凶太太，便想到这部小说大约是蒲留仙或是蒲留仙的朋友做的。去年我看到一本杂记，也说是蒲留仙做的，不过没有多大证据。今年我在北京，才找到了证据。这一件事可以解释刚才我所说的第二点，就是读书可以帮助读书，同时也可以解释第三点，就是读书可以供给出主意的来源。当初若是没有主意，到了逢着困难时便要手足无措，所以读书可以解决问题，就是军事、政治、财政、思想等问题，也都可以解决，这就是读书的用处。

我有一位朋友，有一次傍着灯看小说，洋灯装有油，但是不亮，因为灯芯短了。于是他想到《伊索寓言》里有一篇故事①，说是一只老鸦要喝瓶中的水，因为瓶太小，得不到水，它就衔石投瓶中，水乃上来，这位朋友是懂得化学的，于是加水于灯中，油乃碰到灯芯。这是看伊索寓言给他看小说的帮助。读书好像用兵，养兵求其能用，否则即使坐拥十万二十万的大兵也没有用处，难道只好等他们“兵变”吗？

至于“读什么书”，下次陈钟凡先生要讲演，今天我也附带的讲一讲。我从五岁起到了四十岁，读了三十五年的书。我可以很诚恳的说，中国旧籍是经不起读的。中国有五千年文化，四部的书已是汗牛充栋。究竟有几部书应该读，我也曾经想过。其中有条理有系统的精心结构之作，二千五百年以来恐怕只有半打。“集”是杂货店，“史”和“子”还是杂货店。至于“经”，也只是杂货店，讲到内容，可以说没有一些东西可以给我们改进道德增进智识的帮助的。中国书不够读，我们要另开生路，辟殖民地，这条生路，就是每一个少年人必须至少要精通一种

①即《老鸦和水瓮》，见《伊所伯的寓言》（亚东版）第192页。

外国文字。读外国语要读到有乐而无苦，能做到这地步，书中便有无穷乐趣。希望大家不要怕读书，起初的确要查阅字典，但假使能下一年苦功，继续不断做去，那末，在一二年中定可开辟一个乐园，还只怕求知的欲望太大，来不及读呢。我总算是老大哥，今天我就根据我过去三十五年读书的经验，给你们这一个临别的忠告。

爱国运动与求学

当5月7日北京学生包围章士钊宅，警察拘捕学生的事件发生以后，北京各学校的学生团体即有罢课的提议。有些学校的学生因为北大学生会不曾参加五七的事，竟在北大第一院前辱骂北大学生不爱国。北大学生也有很愤激的，有些人竟贴出布告攻击北大代理校长蒋梦麟媚章媚外。然而几日之内，北大学生会举行总投票表决罢课问题，共投一千一百多票，反对罢课者八百余票，这件事真使一班留心教育问题的人心里欢喜。可喜的不在罢课案的被否决，而在（1）投票之多，（2）手续的有秩序，（3）学生态度的镇静。我的朋友高梦旦在上海读了这段新闻，写了一封长信给我，讨论此事，说，这样做去，便是在求学的范围以内做救国的事业，可算是在近年学生运动史上开一个新纪元——只可惜我还没有回高先生的信，上海五卅的事件已发生了，前二十天的秩序与镇静都无法维持了。于是6月3日以后，全国学校遂都罢课了。

这也是很自然的。在这个时候，国事糟到这步田地，外间的刺激这么强：上海的事件未了，汉口的事件又来了，接着广州、南京的事件又来了：在这个时候，许多中年以上的人尚且忍耐不住，许多六十老翁尚且要出来慷慨激昂地主张宣战，何况这无数的少年男女学生呢？

我们观察这七年来的“学潮”，不能不算民国八年的五四事件与今年的五卅事件为最有价值。这两次都不是有什么作用，事前预备好了然后发动的；这两次都只是一般青年学生的爱国血诚，遇着国家的大耻辱，自然爆发；纯然是烂缦的天真，不顾利害地干将去，这种“无所为而为”的表示是真实的，可爱敬的。许多学生都是不愿意牺牲求学的时间的；只因为临时发生的问题太大了，刺激太强烈了，爱国的感情一时迸发，所以什么都顾不得了：功课也不顾了，秩序也不顾了，辛苦也不顾了。所以北大学生总投票表决不罢课之后，不到二十天，也就不能不罢课了。二十日前不罢课的表决可以表示学生不愿意牺牲功课的诚意；二十日后毫无勉强地罢课参加救国运动可以证明此次学生运动的牺牲的精神。这并非前后矛盾：有了前回的不愿牺牲，方才更显出后来的牺牲之难能而可贵。岂但北大一校如此？国中无数学校都有这样的情形。

但群众的运动总是不能持久的。这并非中国人的“虎头蛇尾”“五分钟的热度”。这是世界人类的通病。所谓“民气”，所谓“群众运动”，都只是一时的大问题刺激起来的一种感情上的反应。感情的冲动是没有持久性的；无组织又无领袖的群众行动是最容易松散的。我们不看见北京大街的墙上大书着“打倒英日”“不要五分钟的热度”吗？其实写那些大字的人，写成之后，自己看着很满意，他的“热度”早已消除大半了；他回到家里，坐也坐得下了，睡也睡得着了。所谓“民气”，无论在中国在欧美，都是这样：突然而来，悠然而去。几天一次的公民大会，几天一次的示威游行，虽然可以勉强多维持一会儿，然而那回天安门打架之后，国民大会也就不容易召集了。

我们要知道，凡关于外交的问题，民气可以督促政府，政府可以利用民气：民气与政府相为声援方才可以收效。没有一个像样的政府，虽有民气，终不能单独成功。因为外国政府决不能直接和我们的群众办交涉；民众运动的影响（无论是一时的示威或是较有组织的经济抵制），终是间接的。一个健全的政府可以利用民气作后盾，在外交上可以多得胜利，至少也可以少吃点亏。若没有一个能运用民气的政府，我们可以断定民众运动的牺牲的大部分是白白地糟蹋了的。

倘使外交部于6月24日同时送出沪案及修改条约两照会之后即行负责交涉，那时民气最盛，海员罢工的声势正大，沪案的交涉至少可以得一个比较满人意的结果。但这个政府太不像样了：外交部不敢自当交涉之冲，却要三个委员来代掮末梢；三个委员都是很聪明的人，也就乐得三揖三让，延搁下去。他们不但不能用民气，反惧怕民气了！况且某方面的官僚想借这风潮延长现政府的寿命；某方面的政客也想借这问题展缓东北势力的侵逼。他们不运用民气来对付外人，只会利用民气来便利他们自己的私图！于是一误，再误，至于今日，沪案及其他关联之各案丝毫不曾解决，而民气却早已成了强弩之末了！

上海的罢工本是对英日的，现在却是对邮政当局，商务印书馆，中华书局了。北京的学生运动一变而为对付杨荫榆，又变而为对付章士钊了。广州对英的事件全未了结，而广州城却早已成为共产与反共产的血战场了。三个月的“爱国运动”的变相竟致如此！

这时候有一件差强人意的事，就是全国学生总会议决秋季开学后各地学生应一律到校上课，上课后应努力于巩固学生会的组织，为民众运动的中心。北京学联会也决议北京各校同学于开学前务必到校，一面上课，一面仍继续进行。

这是很可喜的消息。全国学生总会的通告里并且有“五卅运动并非短时间所可解决”的话。我们要为全国学生下一转语：救国事业更非短时间所能解决，帝国主义不是赤手空拳打得倒的，“英日强盗”也不是几千万人的喊声咒得死的。救国是一件顶大的事业：排队游街，高喊着“打倒英日强盗”，算不得救国事业；甚至于砍下手指写血书，甚至于蹈海投江，杀身殉国，都算不得救国的事业。救国的事业须要有各色各样的人才；真正的救国的预备在于把自己造成一个有用的人才。

易卜生说的好：

真正的个人主义在于把你自己这块材料铸造成个东西。

他又说：

有时候我觉得这个世界就好像大海上翻了船，最要紧的是救出我自己。

在这个高唱国家主义的时期，我们要很诚恳的指出：易卜生说的“真正的个人主义”正是到国家主义的唯一大路。救国须从救出你自己下手！

学校固然不是造人才的唯一地方，但在学生时代的青年却应该充分地利用学校的环境与设备来把自己铸造成个东西。我们须要明白了解：

救国千万事，何一不当为？

而吾性所适，仅有一二宜。

认清了你“性之所近，而力之所能勉”的方向，努力求发展，这便是你对国家应尽的责任，这便是你的救国事业的预备工夫。国家的纷扰，外间的刺激，只应该增加你求学的热心与兴趣，而不应该引诱你跟着大家去呐喊。呐喊救不了国家。即使呐喊也算是救国运动的一部分，你也不可忘记你的事业有比呐喊重要十倍百倍的。你的事业是要把你自己造成一个有眼光有能力的人才。

你忍不住吗？你受不住外面的刺激吗？你的同学都出去呐喊了，你受不了他们的引诱与讥笑吗？你独坐在图书馆里觉的难为情吗？你心里不安吗？这也是人情之常，我们不怪你；我们都有忍不住的时候。但我们可以告诉你一两个故事，也许可以给你一点鼓舞：

德国大文豪歌德（Goethe）在他的年谱里（英译本页一八九）曾说，他每遇着国家政治上有大纷扰的时候，他便用心去研究一种绝不关系时局的学问，使他的心思不致受外界的扰乱。所以拿破仑的兵威逼迫德国最厉害的时期里，歌德天天用功研究中国的文物。又当利俾瑟之战的那一天，歌德正关着门，做他的名著*Essex*的“尾声”。

德国大哲学家费希特（Fichte）是近代国家主义的一个创始者。然而他当普鲁士被拿破仑践破之后的第二年（1807）回到柏林，便着手计划一个新的大学——即今日之柏林大学。那时候，柏林还在敌国驻兵的掌握里。费希特在柏林继续讲学，在很危险的环境里发表他的《告德意志民族》（*Reden an die deutsche nation*）。往往在他讲学的堂上听得见敌人驻兵操演回来的笳声。他这一套讲演——《告德意志民族》——忠告德国人不要灰心丧志，不要惊慌失措；他说，德意志民族是不会亡国的；这个民族有一种天付的使命，就是要在世间建立一个精神的文明——德意志的文明：他说，这个民族的国家是不会亡的。

后来费希特计划的柏林大学变成了世界的一个最有名的学府；他那

部《告德意志民族》不但变成了德意志帝国建国的一个动力，并且成了十九世纪全世界的国家主义的一种经典。

上边的两段故事是我愿意介绍给全国的青年男女学生的。我们不期望人人都做歌德与费希特。我们只希望大家知道：在一个扰攘纷乱的时期里跟着人家乱跑乱喊，不能就算是尽了爱国的责任，此外还有更难更可贵的任务：在纷乱的喊声里，能立定脚跟，打定主意，救出你自己，努力把你这块材料铸造成个有用的东西！

十四，八，卅一夜　在天津脱稿

中国书的收集法

王（云五）先生告诉我说，众位在这里研究图书馆学，每星期请专家来讲演。我这个人，可以说是不名一家。白话文是大家做的，不能说专家；整理国故，实在说不上家。所以我今天来讲，并不是以专家的资格。并且我今天所讲的，是书的问题。书这样东西，没有人可以说是专家的，是图书馆范围非常广博，尤其更不配说专家。我家里书很多，可是乱七八糟，没有方法去整理。当我要书的时候，我写信去说：我要的书是在进门左手第三行第三格。我的书只是凭记忆所及，胡乱的放着。但是近来几次的搬家，这个进门左手第几行第几格的方法，已经不适用了。现在我的书，有的在北平，有的在上海，有的在箱子里，有的在书架上。将来生活安定了，把所有的书集在一处布置起来，还须请众位替我帮忙整理。因为我是完全不懂方法的。

近来我在国内国外走走，同一些中国图书馆家谈谈，每每得到一个结论，就是：学图书馆的人很多，但是懂得书的人很少，学图书馆的人，学了分类管理就够了，于是大家研究分类，你有一个新的分类法，他有一个新的分类法，其实这个东西是不很重要的。尤其是小规模的图书馆。在小图书馆里，不得已的时候，只须用两种方法来分类：一是人名，一是书名就够了。图书馆的中心问题，是要懂得书。图书馆学中的检字方法，分类方法，管理方法，比较起来是很容易的。一个星期学几个星期练习就可以毕业。但是必定要懂得书，才可以说是图书馆专家。叫花子弄猴子，有了猴子，才可以弄；舞棍，有了棍，才可以舞。分类法的本身是很抽象的。书很少，自然没有地方逞本事；有了书也要知道它的内容。这本Pasteur的传，应该放在什么地方？是化学家呢，还是生物学家，医学或卫生学，就彷徨无措。无论你的方法是如何周全精密，不懂得内容，是无从分类起的。图书馆学者，学了一个星期，实习了几个星期，这不过是门径。如果要把他做终生的事业，就要懂得书。懂得书，才可以买书、收书、鉴定书、分类书。众位将来去到各地服务的时候，我要提出一个警告，就是但懂得方法而不懂书是没有用的。你们的地位，只能做馆员，而不能做馆长的。

今天我所要讲的，是怎样去收集书。收书是图书馆很重要的事。可是要收的，实在不少，有旧书，有新书，有外国书，有中国书。外国书自然是懂得外国文字的，才有收的方法。如果不懂得外国文字，便是讲也没有用处的，要懂书，有三个重要的办法：（一）爱书，把书当做心爱的东西，和守财奴爱钱一样。（二）读书，时时刻刻的读，继续不断的读。唯有读书才能懂书。最低的限度也要常常去看。（三）多开生路。生路多了自然会活泛。因此外国语不能不懂。一日语，二英语，三法语，四德语，五俄语，能多懂了一种，便多了一种的好处。生路开的多了，才能讲收书，无论旧的，新的，中国的，外国的，都得知道他的内容，这样，便是分类也有了办法。

我今天的题目是"中国书的收集法"。吴稚晖先生这几年来常说中国的线装书，都应该丢到茅厕里去。这句话在精神上是很可赞成的。因为在现在的中国，的确应该提倡些物质文明，无用的书可以去掉，但是他安顿线装书的法子，实在不好。茅厕不是摆书的好地方，而且太不卫生。所以我提议把线装书一起收集起来，放到图书馆里去。所谓束之高阁。整理好了，备而不用，随时由专门学者去研究参考。那么中国书当如何收集呢？从前收集中国书，最容易犯两个大毛病：一是古董家的收集法，一是理学家的收集法。

古董家的收集法，是专讲版本的，比方藏书，大家知道北平的藏书大家傅沅叔先生。他收书，就不收明朝嘉靖以后的书。清朝的书，虽也收一点，但只限康熙、雍正、乾隆三朝的精刻本。亦有些人更进一步非宋不收，而且只限于北宋；他们以为北宋版是初刻本，当然更好。不论是那一种书，只要是宋版，便要收藏。因此这一类书，价钱就很贵。譬如《资治通鉴》，是一部极平常的史书，什么地方都可以买，好古的收藏家，如果遇见宋刻的《资治通鉴》，都千方百计的要弄到他，就是化三千五千一万两万而得到一部不完整的本子，也是愿意的。现在刚刻出来的一本《宋刑统》这一部书，包括宋朝一代的政治法令，本来没有人注意到。大理院刻了这部书，在历史上很占重要的地位，可是古董式的收藏家，他不肯化数十块钱去买一部《宋刑统》却肯化三千五千一万两万买不完整的宋刻《资治通鉴》。拿这种态度收书，有许多毛病：（一）太奢侈，用极贵的价钱收极平常的书，太不合算，诸位将来都是到各地去办小规模的图书馆的，这种图书馆当然没有钱做这样的事情。便是有钱我以为也不必的。（二）范围太窄。譬如说，明朝嘉靖以后的书，一概不收。清朝本子刻得好的，才收一点。他们收的书，都是破铜烂铁，用处实在很少，只有古董的价值，完全没有历史的眼光。惟有给学者作校刊旧本之用。比方一部宋版的《资治通鉴》，他因为刻得最早，比较的错误的可能性少一点。如果用他去校刊旁的版本，当然有许多利益。诸位写一篇千字的文章，自己初抄的时候，抄错一个字，可是给人家第二次抄录的时候，就错了两个字。这样以讹传讹，也许会错到五六字十余字的。如果把原本对照，就可以改正好多。所以买旧本的用处，至多只有供校刊学者的校刊而已。如果要使人知道古书是怎么样子的，那么说句干脆话，还不如交给博物院去保存的好，而且严格的说一句，宋本古本不一定是好的。我们一百年来晓得校刊本子不在乎古而在乎精。比方ABC三个本子。在宋朝时候据A本校刊成为D本便称宋版。而E本呢，是收ABC三本参考校刊而成的可说是明本，这样看来，明本也许比宋本精粹些，说明如左（下）：

理学家的收集法，是完全用理学家的眼光来收书的。这一种收集法比古董家还不好。古董家的眼光，如果这本书是古的他就收去，比方《四部丛刊》中的太平乐府是刻得很坏的，这里面的东西，都是元朝堂子里的姑娘所唱的小曲子，经杨朝云编在一处，才保存到现在。如果撞在道学家手里，早不知到什么地方去了，古董家因为看见他难得，所以把他收进去，使我们晓得元朝的小曲子，是一种什么样子的东西。董康先生翻刻的《五代史平话》，原是极破烂的一本书，但是因为古的关系，居然有人把他刻出来保全了这个书，这是第一种比第二种好的地方。还有一种好处，就是古董家虽然不懂这破烂的书，可是放着也好，要是用道学家的眼光收书，有很大的毛病。《四库全书》是一个很大的收集（collection）。但是清乾隆皇帝所颁的上谕，和提要中，口口声声说是要搜集有关世道人心的书。这我们查书的几篇上谕，就可以知道。所以他小曲子不要，小学不要。他所收的，都是他认为与世道人心无妨碍的。拿这个标准收书，就去掉了不少不少有用的书。他的弊端很大：（一）门类太窄。《四库全书》是大半根据《永乐大典》集出来的。《永乐大典》的收集法，乱七八糟，什么书都收在里面。戏也有，词曲也有，小学也有，他的收法，是按韵排列的。譬如这部戏曲是微韵，就收入微韵里。可是到了清朝，那些学者的大臣，学者的皇帝，带上了道学家的幌子，把《永乐大典》中保存的许多有用的书，都丢掉了。自此用道学的眼光收书，门类未免太狭。（二）因人废言。用道学家的眼光收书，常常因人的关系，去掉许多有用的书。比方明朝的严嵩，是当初很有名的文学家，诗文词赋，都占极高的地位，可是在道学家的眼光看来，他是一个大奸臣，因此《四库全书》中，便不收他的东西。又如姚广孝，是永乐皇帝——明成祖的功臣。他是一个和尚，诗文都好。但是他因为帮永乐篡位，所以他的作品也不被收，又像明末清初的吴梅村等，都是了不得的人材。三百年来，他的文字，要占极高的地位。不过因为他在明朝做了官，又在清朝做官，便叫他贰臣。他的作品，也就不能存在。（三）因辞废言。用道学家的眼光收书，对于人往往有成见。其实这是很可笑的，往往因文字上忌讳的缘故，把他的作品去掉，这是很不对的。譬如用国民党的眼光去排斥书，是有成见的。用共产党的眼光去排斥书，也是有成见的。同为某种事实而排斥某种书，都讲不过去的。《四库全书》中有许多书不予收入，而且另外刊入禁书目录，有些明朝末叶的书，有诋毁清朝的，都在销毁之列。因此用道学家的眼光收书，是很不对的。（四）门户之见太深。门户之见，道学家最免不掉。程朱之学与陆王之学，是互相排斥的，两者便格格不入。所以程朱的一流对于王学每认为异端拒而不收；王阳明的东西尚不肯收，那么等而下之，自然不必说了。王派对于朱派，也积口诋毁。至于佛家道家，也在排斥之列。《四库全书》关于道家的，完全没有放进去。在中国这学派门户之见实在很多，总而言之，门类太窄，因人废言，因辞废言，或者为了学派门户的成见，以批评人的眼光抹煞他的书，这样收书，就冤抑了许多有价值的书。如果在一百余年以前，他们的眼光，能放得大些，不要说把销毁的书保留起来，如能将禁书收进去，也可为我们保留了不少的材料。在那个时候，没有遭大乱，太平天国的乱事没有起，圆明园也没有烧毁，假如能放大眼光，是何等的好。可是因为中了这种种的毒，所以永远办不到。

今天我讲的，是第三种方法。这个方法，还没有相当的有名字，我叫他杂货店的收书法。明白的说，就是无书不收的收书法。不论什么东西，如果是书，就一律都要。这个办法，并不是杜撰的，上次顾颉刚先生代表广州中山大学，拿了几万块钱出来收书，就是这样办法。人家笑话他，他还刊了一本小册说明他的方法。这书，王先生也许看见过。他到杭州、上海、苏州等处，到了一处，就通知旧书铺，叫他把所有的书，统统开个单子，就尽量的收下来。什么三字经，千字文，医书，和从前的朱卷都要。秀才的八股卷子也要，账簿也要，老太太写的不通的信稿子也要，小热昏，滩簧，算命书，看相书，甚至人家的押契，女儿的礼单，和丧事人家账房先生所开的单子和杠夫多少，旗伞多少，如何排场等的东西都要。摊头上印的很恶劣的唱本，画册，一应都收了来。

人家以为宝贝的书，他却不收。他怕人家不了解，印了一个册子去说明，可是人家总当他是外行，是大傻子，被人笑煞。不过我今天和诸位谈谈，收集旧书，这个方法最好。他的好处在那里呢？（一）把收书的范围扩大所谓无所不收。不管他是古，是今，是好版本，是坏版本，有价值，没有价值，统统收来，材料非常丰富。（二）可免得自己来去取。不懂得书，要去选择，是多么麻烦的事。照这样子的收书，不管他阿猫阿狗，有价值，没有价值，一概都要。如果用主观来去取书，选择书，还是免不掉用新的道学家的眼光，来替代老的道学家的眼光。是最不妥当的事。（三）保存无数的史料。比方人家大出丧，这个出丧单子，好像没有用处。但是你如果保存起来，也有不少的用途，在历史上，留下一个很好的记载。像虞洽卿先生的夫人死了，就有大规模的出丧，仪仗很盛。那时人家只看见了这样的出丧，却没有人去照相去详细记载。如果找到了虞先生的账房先生，要了那张单子，就知道他这次出丧多少排场，多少费用，给社会学者留下很好的材料。将来的人，也可以知道在中华民国十七年〇月〇日，上海〇〇人家，还有这样的大出丧。这种史料是再好不过的。（四）所费少而所收多，譬如八股文现在看来是最没用的东西，简直和破纸一样，可以称斤的卖去；可是八股文这种东西，在中国五百年的历史上来占极重要的地位。儿白力最高的阶级——所谓第一类人材的智识阶级，把他全部的精神，都放在里面，我们想想，这与五百年来学者极有关系的东西，是不是历史上最重要的材料；而且这个东西，再过十年八年，也许要没有了。现在费很少的钱，把他收了，将来价格一贵，就可不收。而且还可以一集二集的印出来卖钱，什么成化啊，弘治啊，嘉靖啊式式都有。到没有的时候，也许会利市三倍呢。（五）偶然发现极好的材料。这种称斤的东西，里面常有不少的好材料。如果在几十斤几百斤破烂东西中，得到了一本好材料，所费的钱，已经很值得了。

有人问我，你不赞成古董家的收书法，又不赞成道学家的收书法，那么这个杂货店的收书法，原则是什么呢？当然杂货店不能称是原则，他的原则是用历史家的眼光来收书。从前绍兴人章学诚，（实斋）他说："六经皆史也。"人家当初，都不相信他，以为是谬论。用现在的眼光来看这句话，其实还幼稚得很。我们可以说："一切的书籍，都是历史的材料。"中国书向来分为经史子集四类，经不过是总集而已。章学诚已认他是史。史当然是历史。所谓集，是个人思想的集体，究其实，也渊源于史，所以是一种史料。子和集，性质相同，譬如《庄子》《墨子》，就是庄子、墨子的文集，亦是史料。所以大概研究哲学史，就到子书里去找。这样看来，一切的书，的确是历史的材料。

虞洽卿家里的礼单是历史，算命单也是历史。某某人到某某地方算命，就表示在民国〇年〇月〇日还有人算命。是很好的一种社会历史和思想史料，《三字经》和《百家姓》，好像没有用了，其实都是史料。假如我做一部中国教育史，《三字经》和《百家姓》，就占一个很重要的地位，必须研究他从什么时候起的，他的势力是怎么样。又像描红的小格子，从前卖一个小钱一张，他在什么时候起的，什么时候止的，都是教育史上的好材料，因为从前读书，差不多都写这种字的。从前有某某图书馆征求民国以前的《三字经》刻本，都没有征求到，可知道这种东西到了没有的时候，是极可贵的。我小时候读书，把南京李广明记的很熟，因为所读的《三字经》《千字文》《百家姓》和《学而》——《论语》首章等。都是从李广明来的。李广明在教育史上，也有一个相当的地位，此外如《幼学琼林》啊，《神童诗》啊，《千家诗》啊，都是教育史料。至于八股文乃是最重要的文学史料，教育史料，思想史料，哲学史料。所谓滩簧、唱本、小热昏，也是文学史料，可以代表一个时代的平民文字。诸位要知道文学中最重要的一部分，乃是大多数人最喜欢唱，喜欢念，喜欢做的东西。还有看相的书，同道士先生画的符，念的咒，都是极好的社会史料，和宗教史料，思想史料。婚姻礼单，又是经济史料和社会史料。讲到账簿可以说是经济史料，比方你们要研究一个时代的生计，如果有这种东西做参考，才能有所根据，得到正确的答案。英国有人（Rojers）专门研究麦价，便是到各地去专找账簿。麦子在某年是多少钱一担？价格的变迁如何？农家的出产多少如何？他是专门搜集农家教堂和公共机关的账簿来比较研究的。这种种的东西，都是极有价值的社会经济史料。我记得我十岁十一岁时记账，豆腐只是三个小钱一块。现在拿账簿一看，总得三个铜板一块，在这短短的时期中，竟增加到十倍。数十年后，如果没有这种材料，那里还会知道当时经济的情况。倘使你有关于和尚庙尼姑庵等上吊的材料，你也可收集起来。因为这是社会风俗史的一部。人能用这种眼光来看书，无论他是有无道理。都一概收集，才是真正收书家的态度，我们研究历史，高明的固然要研究；就是认为下流的，也要研究；才能确切知道一时代的真相。高明到什么地步？下流到什么地步？都要切切实实的研究一下。

谈到文学，杜工部李太白的诗，固然是历史上的重要文学，应该懂的；然而当时老百姓的文学，也占同一的地位，所以也必懂得。李杜的东西，只能代表一般贵族的历史，并不能说含有充分的平民历史；老百姓自己的东西才是真正的平民历史。《金瓶梅》这一部书，大家以为淫书，在禁止之列，其实也是极好的历史材料。日本的佛教大学，还把他当做课本呢，这个就可见他有历史的眼光。《金瓶梅》是代表明代中叶到晚年一个小小的贵族的一种情形，譬如书中的主人，有一个大老婆五个小老婆，还有许多姘头，一家的内幕，是如此如此，如果没有这种书，怎么能知道当时社会上一般的情况。此外如《醒世姻缘》小说，不但可以做当时家庭生活的材料，还可知道从前小孩子怎样上学堂，如何开笔做八股文，都是应该知道的事；要有种种材料给我们参考，我们才能了然于胸中。因此我们的确应该知道，王阳明讲些什么学说，而同时《金瓶梅》中的东西亦应当知道的。因为王阳明和《金瓶梅》同是代表十五世纪到十六世纪一般的情形，在历史上，有同样的价值。无论是破铜烂铁，竹头木屑，好的坏的，一起都收，要知道历史是整个的，无论那一方面缺了，便不成整个。少了《金瓶梅》，知道王阳明，不能说是知道十六世纪的历史；知道《金瓶梅》，去掉王阳明，也不能说是知道十六世纪的历史。因此《圣谕广训》是史料，《品花宝鉴》也是史料，因为他讲清朝一种男娼的风气，两者缺了一点，就不能算完全。我们还要知道历史是继续不断的变迁的，要懂的他变迁的痕迹，更不能不晓得整个的历史是怎样。拿最近的事情说，国民党容共时代所出的公文布告标语，他的重要与分共时代所出的标语公文布告占同一的地位。而且你们如果不懂容共时代的东西，也断不能懂得现在的东西。

材料不在乎好坏，只要肯收集，总是有用处的。比方甘肃敦煌石室里的破烂东西，都是零落不全的，现在大家都当他宝贝，用照相版珂罗版印了几页，要卖八元，九元，二十元的价钱。我们到北京去，也得看见一点敦煌石室中的东西。敦煌石室中的东西，是甘肃敦煌县东南的一个石窟（叫做莫高窟）里所藏的书。敦煌那个地方有一个千佛洞，在佛教最盛的时候，有二三百座庙，石室里都是壁画，大概是唐人的手笔；亦有六朝晋朝时候的壁画。因为北方天气干燥，所以都没有坏。有一个庙是专门藏书用的。当初没有刻本，只有写本。有的是蝇头细楷，有的是草字，差不多式式都有。其中佛经最多，亦有雕本，恐怕是世界上最早的了。这里面有和尚教徒弟的经卷，有和尚念的经咒，女人们刺血写的符箓，和尚的伙食账簿，小和尚的写字本子，和唱本小调，就是敦煌的公文，也留在里面。有许多书，有年代可考，大概在西历五百年起，到一千一百十年的光景——东晋到宋真宗时。这许多年代中，有很多的材料，都不断的保存在这个和尚庙里。到了北宋初年，那里起了战乱，和尚们恐怕烧掉，就筑了墙，把一应文件都封在中间。大概打仗很久，和尚们死的死，逃的逃，从宋真宗时封起，一直到清末庚子年，墙坏了，就修理修理，也不知道中间有什么东西。直到庚子年——西历1900年，一个道士偶然发现石室中的藏书，才破了这个秘密。可是这个道士也不当他是宝贝，把他当符箓来卖钱，说是可以治病的。什么人头痛就买一张烧了灰吃下去，说是可以医头痛；什么人脚痛，也买一张烧了灰吃下去，说是可以医脚痛。这样卖了七八年，到了1907年，才有洋鬼子来了。那是英国的史坦因（Stein），他从中亚西亚来，是往北探险去的。他并没有中国的学问，据说他有一个助手王世庭，学问也并不高明，不过他曾听见在敦煌发现了许多东西，就去看看，随便给他多少钱买了大半去。因为不好拿，就捆了几大捆，装着走了。过了半年那是1908年，法国学者伯希和（Pelliot）来了，他是有名的学问家，他的中国学问，恐怕中国学者，也不能及他。不过伯希和（Pelliot）很穷，只能够在敦煌选了二千多卷，拿到北京，他是很诚实的，还去问问人家，请教人家，于是大家就知道了敦煌有这个东西。清朝的学部也得了这个消息，就打电报给陕甘总都，叫他把所有石室里的东西，统统封好了，送到京师图书馆里去。那些官员，到这个时候，才知道他是宝贝；因为外人都买了装回本国去，朝廷又要他封送晋京，于是拣完整的字迹端秀的几卷，大家偷了去送人，所以偷掉的也不少，现在存在北京的，还有八千余卷。从东晋到宋朝初年，六百年间，许多史料，都保存在里头，真是无价之宝，现在六千余卷在英国伦敦，二千余卷在法国巴黎，八千余卷在北平，一共在一万八千卷左右，我都去看过，在英国、法国的数千卷，那真可爱。他们都用极薄极薄的纸，把他裱起来，装订成册；便是残破了的一角，或是扯下的一个字，也统统裱好了，藏在一处。他的内容说来很可笑，我刚才说过，小和尚的写字本子，老和尚念的经卷，和女师太刺血写的东西，样样都有。有些和尚们，在念经的时候忽然春心发动，便胡乱写一首十八摸，哼几句情诗，也都丢在里面。各种材料，差不多都有一点。此外如七字的唱本，像《天雨花》《笔生花》一类的东西，唐朝已经有了。我们只知后代才有，那里知道敦煌石室里面，已有这个东西，可以说是唱本的老祖宗。这在文学史上，是多么重要的好材料。这不但使我们知道六百年前的宗教史事；就是我们要研究佛家哲学经济思想之等等许多史料，都可到里面去找，在那时很不经意的，乱七八糟杂货店式的把东西丢在一处，不料到九百年后，成了你争我夺的宝贝，这是此种收书的很好的证据。

因此诸位如果有心去收，破铜烂铁，都有用处，我们知道我们凭个人的主观去选择各书是最容易错误的。这个要那个不要，借自己的爱憎来定去取，是最不对的，我们恨滩簧小调，然而滩簧小调在整个的文学上，也占极重要的地位。孔子是道学家，可是他删诗而不删掉极淫乱的作品，正可充分表现他有远大的目光，《诗经》中有两章如下：

子惠思我，褰裳涉溱：子不我思，岂会他人？狂童之狂也且！

子惠思我，褰裳涉洧：子不我思，岂无他士？狂童之狂也且！

淫乱到了极点，像这首诗，他怀想所欢，竟愿渡河以从，并且是人尽可夫。可是孔子并不删去，否则我们现在要得二三千年以上的材料时，试问到那里去找。孔子收书，因为有这种态度，这种眼光，所以为中国，为全世界，保存了最古，最美，最有价值的文学史料，社会史料，宗教史料，政治史料。假如一有成见，还会有这样的成功么？现在流行市面的小报很多，什么叽里咕罗，噜哩噜苏，《福尔摩斯》《晶报》《大晶报》等，五花八门，为一般人所鄙弃的，可是他们也有他们的用处。我们如果有心收集起来，都是将来极好的文学史料，社会史料。要是在十年二十年后，再要去找一个叽里咕罗，或是噜哩噜苏也许没法得到。我能把他保存起来，十年二十年后，人家要一个叽里咕罗，要一个噜哩噜苏，我就可以供给他们，借此能知道民国十七年，上海社会上一般的情形是怎么样。当《申报》五十年纪念的时候，他们出一部纪念册，可是《申报》馆竟没有一份全份的《申报》。于是登报征求。结果全中国只有一个人有这么一份，《申报》馆愿意出很多的钱去收买，结果是二万块钱买了来。照我这样，觉得二十万块钱都值得，以中国之大，或者说是以世界之大，而只有一份不缺之《申报》，你想是多么可贵呢，所以现在看为极平常而可以随手弃掉的东西，你如果有一个思想，觉得他是二十年后二千年后的重要史料，设法保存起来，这些东西，就弥觉可珍了。

我们收集图书，必须有这种历史的眼光，个人的眼光有限，所有的意见，也许是错误的，人家看为有价值的，我以为无价值；人家看为无价值的，我以为有价值，这种事情很多。我们收书，不能不顾到。所以（一）要认定我们个人的眼光和意见是有限的，有错误的。（二）要知道今天看为平常容易得的东西，明天就没有，后天也许成了古董，假如我们能存这个观念，拿历史的眼光来收书，就是要每天看后的报纸，也都觉得可贵的。

讲到这里，诸位对我所说的，也许有一点怀疑，以为照这样说来，不是博而寡要了么？可是我觉得图书馆是应当要博的，而且从博这个字上，也会自然而然的走到精密的路上去。收文学书的，他从文学上的重要材料起，一直到滩簧小热昏为止，件件都收。或者竟专力于文学中的一部；从专中求博，也未尝不可。有一位陶兰泉先生，绰号叫陶开化，他收书什么都收。但只限于殿版开化纸的书，因此得了这个陶开化的名称，正是博中寓专。因此第一步是博，第二步是由博而专，这也是自然而然的趋向，大概到专，亦有三个缘故，（一）是天才的发展，（二）是个人嗜好，（三）是环境上的便利。有这三个缘故，自然会走上专门的路，诸位都知道欧洲的北边，有一个小岛，叫冰岛（Iceland），那里许多的文学材料，再不能到冰岛去找，全世界只有我的母校康奈尔大学有这完全的冰岛文学史料，康奈尔图书馆所著名的，也就是这一点。因为当初冰岛上有人专门收集这全部的材料，后来捐给康奈尔，并又出资再由康奈尔到冰岛去搜集，因此我的母校，就以冰岛文学著名于全世界。这种无所不收的材料，实在有非常的价值，非常的用处。

今天我讲书的收集法，是极端主张要博，再从博而专门，古董家和道学家的方法，是绝对要不得的，这不过一个大概，神而明之，存乎其人，详细的办法，还须诸位自己去研究。

我们能做什么?

我们能做什么？本是一个可大可小的题目，今天希望在一点钟以内讲出来。在讲本题之前，我愿提一下刚才主席（阎子亨君）介绍词里的话，他说我过去在政治上的主张与公能学会的精神很相近。我愿给他的话一个证明。

从前我们办过一个小报，叫做《努力》，在第二期上，我就提出："我们不谈主义，只要一个政府，要一个好政府。"当时的北京政府的政令只限于在北京，连天津都到不了。因此我提出要一个政府、要一个好政府。有人问我好政府的条件，我说：第一是要有操守，有道德；第二是要有能力，负某部门责任的官吏，一定要熟习并且专长于这部门的业务。

当时我没有看到南开的校训："公""能"这两个字，但我所提出的是与"公""能"相一致的。这是我给主席的话加一个注解，也是加一个证明。

我要说的是：我们能做什么？不管是南开校友会也好，北大同学会也好，公能学会，或是市民治促进会等团体都好，我们要问一问：我们能做什么？

来天津以前，今天早晨我与张佛泉，谭炳训诸位先生去参观北平市参议员选举的五个投票区。从这里我们训练了自己，教育了自己。从这次办理选举的经过来看，当局者很想把选举办好，事前请了学校里的好多政治学家和许多别的先生们去研究，去想办法，可见办选举的人是想办好它。至少我在北平看到的是如此。

但是我们看了几个选举区以后，觉得有缺点，有值得批评的地方。因为办选举的人自己没有经验，也很少看过别人选举。拿选举的法律条文做教科书，就难以解决实际困难。譬如选举时旁边有个代书人，凡是不会写字的选民可以请代书人代写选票，加上旁边两个监视人，选一票至少要被三个人知道，这就不能算是秘密投票，就难免受人威胁利用。但“代书人”的办法是选举法的细则上规定的。那么根本的毛病在那里？根本毛病在于宪法。

宪法规定普选，不分性别，不分教育程度，不计财产，只要满二十岁就有选举权，这是世界上最进步的制度，我们是迎头赶上了。但是我们选民的“能”不够，我们看见一个老太太来选举，竞选的人递给他三张片子，走到代书人面前，她不知道要选谁。另外我们看到一位瞎子来投票，这太感动人了，外国记者忙着替他照相，但是他也不知道选谁。有人建议他用手在候选人名单上任指一个，但他是盲人，连指的能力都没有，结果由他的小孙子在名单上随便点了一个，这是我们看见的，这是公开的，并没有人贿选。但结果是如此不合理！

错误是在制宪时种下的，当时我们没有反对普选，是一个大错。我们只根据书本，没有勇气走出看看，为了“普选”的美名，我们没有看看全国人民的水准，没有看看他们的能力。将来发生坏的效果，我们参加制宪的人都有责任！我希望在座的人都去看看选举的实情。

我们还看了北平的职业选举，市商会和市教育会就没有“代书”的事。比区域选举的情形好得多了。市商会用间接选举，手续繁复；市教育会用直接选举，在十个候选人当中选七位参议员，方法简便，效果也良好。

从这里我们得到两个教训：第一、选民教育程度高的，选举就办得好。第二、选民应该有限制，在宪法没有修改以前，没有办法根本解决。但是，我们可以接受各种经验教训，改正既有的缺点，天津就可以改正北平所发生的一些可以避免的错误。候选人应该加以限制，应该要他负责。英国规定候选人须缴两百镑保证金，选票不及选民三分之一时，保证金就充公为选举经费，这办法也许太严，但我们绝不能让一个人随便去登记一下就成为候选人。我们要让他负责任，候选人减少，就可以全部印在选票上，选民只要在名下画个“×”，不会写字的人总可以画“×”，“代书人”可以免除。这就改正了一个缺点。

我们要能够接受经验，改正缺点，这算是我的引论，以下谈正文。

我们能做什么？这要靠我们的知识水准。教育程度，和技能修养。究竟一个没有军队支持，没有党派协助的个人能做些什么？以我想，至少有三大类的事情可做。我愿用几个例子来说明。

第一类：可以说是消极的，以我个人为例，我民国六年回国，当时立定志愿不干政治，至少二十年不干政治。虽然真的过了廿一年才干政治，但是不到二十年我却常常谈政治，先后我参加或主持过《每周评论》《努力周报》《独立评论》和《新月》等政治性的杂志。因为忍不住不谈政治，也可以说不能不问政治，个人想不问政治，政治却时时要影响个人，于是不得不问政治。

我只是学弥尔（J.S. Mill）。这是一位十九世纪的大政治家，大经济学家，还可以说是大思想家。中国有严复译的《群己权界论》（*On Liberty*）就是他划时代的巨著。这是一个天才；三岁能用希腊文作诗，五岁能通拉丁文。由于家庭教育好，使他受教育的时期缩短了二十五年。弥尔先生有肺病，但是他活到六十多岁，几十年的时间没有参加实际政治，但他一直在自己的本位上写政治论文、批评实际政治，他的著作给英国政治以很深的影响。而如今有人称他为自由党“精神上的父亲”，工党“精神上的祖父”。弥尔这种批评政治，讨论政治的精神，我们可以学习，也是我们所能做的！这是指个人方面。

此外，团体方面英国有个费边学会（Fabian society）。费边是缓慢的意思。费边学会可以译做绥进学会。他们研究社会主义，反对激进的政治主张，时常讨论、研究，出了许多小册子。结果费边学会成为英国工党真正的前身，他们的研究结果成为工党政治理论的基础。

今天我们的许多团体，像公能学会、市民治促进会，就可以学一学费边学会，就能做研究政治讨论政治的工作。

第二类我们能做的可以学美国的“扒粪主义”。“扒粪主义”起于二十世纪初年，美国有一些新闻记者感到许多大小城市都有所谓“BOSS”，我们可以译为“老板”。这种人并不是大资本家，大政客，只是凭着权术、手段，经过多少年的活动，把持着这个城市的一切恶势力。所谓“扒粪运动”，就是有计划，有知识的，对恶势力长期作战。根据调查的事实，来攻击恶势力，结果得到很大的效果。

我们要有扒粪的精神，不要单是喊打倒贪污，究竟贪污的证据在那里？我们可以调查，研究。在天津的人可以调查天津的机关，可以查账，没有一种假账是查不出来的。这种事，个人能做，团体也能做。

第三大类能够做的，我也举一个例来说明：1944年美国有个C.I.O.P.A.C.的组织就是美国有名的两大劳工组织之一的“工业组织联合”（Congress of Industrial Organization）的政治行动委员会（Political Action Committee）的缩写。1944年正是美国人民最黯淡愁苦的一年，对德战争还十分紧张，对日战争也没有结束。罗斯福总统第三任已经期满，大选快了，按惯例，总统连任三次已经空前，连任四次似乎是不可能的事情。但是大局危急，人民希望他连任，这有什么办法？再两年以前（1942年）国会改选的时候，美国有资格投票的选民有八千万，但是实际投票的只有三千多万人，人民对选举不发生兴趣。国家大局交给谁来主持呢？这时C.I.O.P.A.C.做了两年事情，一是鼓吹人民参加选举，踊跃投票，一是做候选人调查。他们认为好的人，把他过去的言论，行为，事业成就，调查清楚，然后公布出来，让选民有明白的认识。对他们认为坏的候选人，也把他过去的行为过失，荒谬言论，搜集起来公布给大众。这两种工作似乎很简单，但这工作教育了美国人民。当时许多自由主义的教授、专家都来参加这个工作。其结果，不仅是使C.I.O.P.A.C.本身的组织加强，同时使1944年选举投票的人数增加到五千多万人。许多老的议员都落选，议会里添了许多新人物。这是这个P.A.C.努力的结果。这种工作，我们目前就亟须做，这种是我们能做什么的第三类的答案。

以上所谈的三大类来讲，第一是消极的研究、讨论，来影响政治，个人、团体都能够做。第二是要不怕臭，努力扒粪，调查，揭发，总会使政治日渐清明。第三是以团体的力量做大规模的调查和教育工作，直接推动了选举，积极促进了政治。

这三条路都是有成绩的，都可以训练我们，促进我们达到两种目的：一种是“公”一种是“能”。做我们所能做的，我们可以得到“公”“能”的好社会，“公”“能”的好政府。

知难，行亦不易

孙中山先生的“行易知难说”述评

（一）行易知难说的动机

《孙文学说》的《自序》是民国七年（一九一八）十二月三十日在上海作的。次年（一九一九）五月初，我到上海来接杜威先生；有一天，我同蒋梦麟先生去看中山先生，他说他新近做了一部书，快出版了。他那一天谈的话便是概括地叙述他的“行易知难”的哲学。后来杜威先生去看中山先生，中山谈的也是这番道理。（本书第四章之末也说：“当此书第一版付梓之夕，适杜威博士至沪，予特以此质证之。”）大概此书作于七年下半，成于八年春间。至六七月间，始印成出版。

这个时代是值得注意的。中山先生于七年五月间非常国会辞去大元帅之职；那时旧式军阀把持军政府，中山虽做了七总裁之一，实际上没有做事的机会，后来只好连总裁也不做了，搬到上海来住。这时候，世界大战争刚才停战，巴黎的和会还未开，全世界都感觉一种猛烈的兴奋，都希望有一个改造的新世界。中山先生在这个时期，眼见安福部横行于北方，桂系军阀把持于南方，他却专心计划，想替中国定下一个根本建设的大方略。这个时期正是他邀了一班专家，着手做《建国方略》的时候。他的“实业计划”的一部分，此时正在草创的时期；其英文的略稿成于八年的一月。

他在发表这个大规模的《建国方略》之前，先著作这一部导言，先发表他的“学说”，先提出这“行易知难”的哲学。

为什么呢？他自己很悲愤地说：

文奔走国事三十余年，毕生学力尽萃于斯；精诚无间，百折不回；满清之威力所不能屈，穷途之困苦所不能挠。吾志所向，一往无前，愈挫愈奋，再接再厉。用能鼓动风潮，造成时势。卒赖全国人心之倾向，仁人志士之赞襄，乃得推覆专制，创建共和。本可从此继进，实行革命党所抱持之三民主义，五权宪法，与夫革命方略所规定之种种建设宏模，则必能乘时一跃而登中国于富强之域，跻斯民于安乐之天也。不图革命初成，党人即起异议，谓予所主张者理想太高，不适中国之用。众口铄金，一时风靡。同志之士，亦悉惑焉。是以予为民国总统时之主张，反不若为革命领袖时之有效而见之施行矣。此革命之建设所以无成，而破坏之后国事更因之以日非也。

夫去一满洲之专制，转生出无数强盗之专制，其为毒之烈，较前尤甚。于是民愈不聊生矣。溯夫吾党革命之初心，本以救国救种为志，欲出斯民于水火之中，而登之衽席之上也。今乃反令之陷水益深，蹈火益热，与革命初衷大相违背者，此固予之德薄无以化格同侪，予之能鲜不足驾驭群众，有以致之也。然而吾党之士于革命宗旨革命方略亦难免有信仰不笃奉行不力之咎也。而其所以然者，非尽关乎功成利达而移心，实多以思想错误而懈志也。

此思想之错误为何？即“知之非艰，行之惟艰”之说也。此说始于传说对武丁之言，由是数千年来，深中于中国之人心，已成牢不可破矣。故予之建设计划一一皆为此说所打消也。呜呼！此说者，予生平之最大敌也。其威力当万倍于满清。夫满清之威力不过只能杀吾人之身耳，而不能夺吾人之志也。乃此敌之威力则不惟能夺吾人之志，且足以迷亿兆人之心也。是故当满清之世，予之主张革命也，犹能日起有功，进行不已。惟自民国成立之日，则予之主张建设，反致半筹莫展，一败涂地。吾三十年来精诚无间之心，几为之冰消瓦解，百折不回之志几为之槁木死灰者，此也！可畏哉此敌！可恨哉此敌！

兵法有云，“攻心为上”。……满清之颠覆者，此心成之也。民国之建设者，此心败之也。夫革命党之心理，于成功之始，则被“知之非艰行之惟艰”之说所奴，而视吾策为空言，遂放弃建设之责任。……七年以来，犹未睹建设事业之进行，而国事则日形纠纷，人民则日增痛苦。午夜思维，不胜痛心疾首。夫民国之建设事业，实不容一刻视为缓图者也。国民！国民！究成何心。不能乎？不行乎？不知乎？吾知其非不能也，不行也。亦非不行也，不知也。倘能知之，则建设事业亦不过如反掌折枝耳。

回顾当年，予所耳提面命而传授于革命党员，而被河汉为理想空言者，至今观之，适为世界潮流之需要，而亦当为民国建设之资材也。乃拟笔之于书，名曰《建国方略》，以为国民所取法焉。然尚有踌躇审顾者，则恐今日国人社会心理犹是七年前之党人社会心理也，依然有此“知之非艰行之惟艰”之大敌横梗于其中，则其以吾之计划为理想空言而见拒也，亦若是而已矣。故先作学说，以破此心理之大敌，而出国人之思想于迷津。庶几吾之建国方略或不致再被国人视为理想空谈也。

（《自序》）

这篇《自序》真是悲慨沉痛的文章。中山先生以三十年的学问，三十年的观察，作成种种建设的计划，提出来想实行，万不料他的同志党人，就首先反对。客气的人说他是“理想家”，不客气的人嘲笑他是“孙大炮”！中山先生忠厚对人，很忠厚地指出他们所以反对他，“非尽关乎功成利达而移心，实多以思想错误而懈志”。此思想的错误，中山认为只是“知易行难”的一个见解。这个错误的见解，在几千年中，深入人心，成了一种迷信，他的势力比满清还可怕，比袁世凯还可怕。满清亡了，袁世凯倒了，而此“知易行难”的谬说至今存在，使中山的大计划“半筹莫展，一败涂地”。所以中山先生要首先打倒这个“心理之大敌”。这是他的“学说”的动机。

要打倒这个大敌，所以他提出一种“心理建设”。他老实不客气地喊道：

夫国者，人之积也。人者，心之器也。而国事者，一人群心理之现象也。是故政治之隆污，系乎人心之振靡。吾心信其可行，则移山填海之难，终有成功之日。吾心信其不可行，则反掌折枝之易，亦无收效之期也。心之为用大矣哉。夫心也者，万事之本源也。满清之颠覆者，此心成之也。民国之建设者，此心败之也。（《自序》参看页七七论宣誓一段）

迷信“唯物史观”的人，听了这几句话，也许要皱眉摇头。但这正是中山先生的中心思想。若不懂得这个中心思想，便不能明白他的“有志竟成”的人生哲学。

（二）行易知难的十证

中山先生的“学说”只是“行易知难”四个字。他举了十项证据来证明他的学说：

（1）饮食

（2）用钱

（3）作文

（4）建筑

（5）造船

（6）长城与欧洲的战壕

（7）运河

（8）电学

（9）化学制造品：豆腐，瓷器

（10）进化

这十项证据，原书说的很详细，不用我来详细说明了。

这十项之中，有几项是证明“不知亦能行”的，如饮食，婴孩一堕地便能做，鸡雏一离蛋壳便能做，但近世的科学专家到今日尚不能知道饮食的种种奥妙。但大部分的证据都是证明知识之难能而可贵的，如造船，

施工建造并不为难。所难者绘图设计耳。倘计划既定，按图施工，则成效可指日而待矣。

如无线电报，

当研究之时代，费百年之工夫，竭无数学者之才智，各贡一知，而后得完全此无线电之知识。及其知识真确，学理充满，乃本之以制器，则无所难矣。……其最难能可贵者则为研求无线电知识之人。学识之难关一过，则其他之进行有如反掌矣。

这些证据都是要使我们明白知识是很难能的事，是少数天才人的事。少数有高深知识的人积多年的研究，定下计划，打下图样，便可以交给多数工匠去实行。工匠只须敬谨依照图样做去，自然容易成功。“此知行分任而造成一屋者也。”中山先生的意思一面教人知道“行易”，一面更要人知道“知难”。

（三）“行易知难”的真意义

中山先生自己说：

予之所以不惮其烦，连篇累牍，以求发明行易知难之理者，盖以此为救中国必由之道也。（页五五）

他指出中国的大病是暮气太深，畏难太甚。

中国近代之积弱不振奄奄待毙者，实为知之非艰行之惟艰一说误之也。此说深中于学者之心理，由学者而传于群众，则以难为易，以易为难，遂使暮气畏难之中国，畏其所不当畏，而不畏其所当畏。由是易者则避而远之，而难者又趋而近之。始则欲求知而后行，及其知之不可得也，则惟有望洋兴叹而放去一切而已。间有不屈不挠之士，费尽生平之力以求得一知者，而又以行之为尤难，则虽知之而仍不敢行之。如是不知固不欲行，而知之又不敢行，则天下事无可为者矣。此中国积弱衰败之原因也。夫畏难本无害也。正以有畏难之心，乃适足导人于节劳省事，以取效呈功。此为经济之原理，亦人生之利便也。惟有难易倒置，使欲趋避者无所适从，斯为害矣。（页五五）

他要人明白“不知亦能行之，知之则必能行之，知之则更易行之”。他考察人类进化的历史，看出三个时期：

第一，由草昧进文明，为不知而行之时期。

第二，由文明再进文明，为行而后知之时期。

第三，自科学发明后，为知而后行之时期。

凡物类与人类，为需要所逼迫，都会创造发明。鸟能筑巢，又能高飞。这都是不知而能行的明证。我们的老祖宗制造豆腐，制造瓷器，建筑长城，开辟运河，都是不知而行的明证。西洋人行的越多，知的也越多；知多了，行的也更多。他们越行越知，越知越行。我们却受了暮气的毒，事事畏难，越不行，越不知，越不知，便越不行。

救济之法，只有一条路，就是力行。但力行却也有一个先决的条件，就是要服从领袖，要服从先知先觉者的指导。中山先生说人群进化可分三时期，人的性质也可分做三系：

其一，先知先觉者，为创造发明。

其二，后知后觉者，为仿效进行。

其三，不知不觉者，为竭力乐成。

第一系为发明家，第二系为鼓吹家，第三系为实行家，其中最有关系的是那第二系的后知后觉者。他们知识不够，偏要妄想做先知先觉者；他们不配做领袖，偏要自居于领袖；他们不肯服从发明家的理想计划，偏爱作消极的批评。他们对于先知先觉者的计划，不是说他们思想不彻底，便是说他们理想太高，不切实用。所以中山先生说：

行之之道为何？即全在后觉者之不自惑以惑人而已。

力行之道不是轻理想而重实行，却正是十分看重理想知识。“行易知难”的真意义只是要我们知道行是人人能做的，而知却是极少数先知先觉者的责任。大多数的人应该崇拜知识学问，服从领袖，奉行计划。那中级的后知后觉者也只应该服从先知先觉者的理想计划，替他鼓吹宣传，使多数人明白他的理想，使那种种理想容易实行。所以中山先生说：

中国不患无实行家，盖林林总总者皆是也。乃吾党之士有言曰，

"某也理想家也，某也实行家也"。其以二三人可为改革国事之实行家，真谬误之甚也。不观今之外人在上海所建设之宏大工厂，繁盛市街，崇伟楼阁，其实行家皆中国之工人也。而外人不过为理想家计划家而已，并未有躬亲实行其建设之事也。故为一国之经营建设，所难得者非实行家也，乃理想计划家也。而中国之后知后觉者，皆重实行而轻理想矣。是犹治化学而崇拜三家村之豆腐公，而忽于裴在辂、巴斯德等宿学也。是犹治医学而崇拜蜂虫之蜾蠃，而忽于发明蒙药之名医。盖豆腐公为生物化学之实行家，而蜾蠃为蒙药之实行家也。有是理乎！乃今之后知后觉者，悉中此病，所以不能鼓吹舆论，倡导文明，而反足混乱是非，阻碍进化也。是故革命以来建设事业不能进行者，此也。予于是乎不得不彻底详辟，欲使后知后觉者，了然于向来之迷误，而翻然改图，不再为似是而非之说以惑世，而阻挠吾林林总总之实行家，则建设前途大有希望矣。（页六一——六二）

所以"行易知难"的学说的真意义只是要使人信仰先觉，服从领袖，奉行不悖。中山先生著书的本意只是要说："服从我，奉行我的《建国方略》。"他虽然没有这样明说，然而他在本书的第六章之后，附录《陈英士致黄克强书》（页七九—八七），此书便是明明白白地要人信仰孙中山，奉行不悖。英士先生在此书里痛哭流涕地指出民党第五次重大之失败都是因为他们"认中山之理想为误而反对之，致于失败"。他说：

惟其前日认中山先生之理想为误，皆致失败，则于今日中山先生之所主张，不宜轻以为理想而不从，再贻他日之悔。

夫人之才识与时并进，知昨非而今日未必是，能取善斯不压从人。鄙见以为理想者事实之母也。中山先生之提倡革命，播因于二十年前。当时反对之者，举国士夫，殆将一致。乃经二十年后，卒能见诸实行者，理想之结果也。使吾人于二十年前即赞成其说，安见所悬理想必迟至二十年之久始得收效？抑使吾人于二十年后犹反对之，则中山先生之理想不知何时始克形诸事实，或且终不成效果至于靡有穷期者，亦难逆料也。故中山先生之理想能否证实，全在吾人之视察能否了解，能否赞同，以奉行不悖是已。

《孙文学说》的真意义只是要人信仰“孙文学说”，奉行不悖。此意似甚浅，但我们细读此书，不能不认这是唯一可能的解释。

（四）批评

行易知难的学说是一种很有力的革命哲学。一面要人知道“行易”，可以鼓舞人勇往进取。一面更要人知道“知难”，可以提倡多数人对于先知先觉者的信仰与服从。信仰领袖，服从命令，一致进取，不怕艰难，这便是革命成功的条件。所以中山说这是必要的心理建设。

孙中山死后三四年中，国民党继续奉他做领袖，把他的遗教奉作一党的共同信条，极力宣传。“共信”既立，旗帜便鲜明了，壁垒也便整齐了。故三四年中，国民革命军的先声夺人，所向都占胜利。北伐的成功，可说是建立“共信”的功效。其间稍有分裂，也只为这个共信上发生了动摇的危险。但反共分共所以能成功，也都还靠着这一点点“共信”做个号召的旗帜。①

故这三年的革命历史可说是中山先生的学说添了一重证据，证明了服从领袖奉行计划的重要，证明了建立共同信仰的重要，证明了只要能奉行一个共同的信仰，革命的一切困难都可以征服。

但政治上的一点好成绩不应该使我们完全忽视了这个学说本身的一些错误。所以我想指出这个学说的错误之点，和从这些错误上连带发生的恶影响。

行易知难说的根本错误在于把“知”“行”分的太分明。中山的本意只要教人尊重先知先觉，教人服从领油者，但他的说话很多语病，不知不觉地把“知”“行”分做两件事，分作两种人做的两类的事。这是

---

①编者注：这里“共信”指孙中山遗嘱。实际上，蒋介石国民党右派反共分共，恰恰背叛了孙中山遗嘱，这也反映了胡适的政治立场。

很不幸的。因为绝大部分的知识是不能同“行”分离的，尤其是社会科学的知识。这绝大部分的知识都是从实际经验（行）上得来：知一点，行一点；行一点，更知一点——越行越知，越知越行，方才有这点子知识。三家村的豆腐公也不是完全没有知识；他做豆腐的知识比我们大学博士高明的多多。建筑高大洋房的工人也不是完全没有知识；他们的本事也是越知越行，越行越知，所以才有巧工巧匠出来。至于社会科学的知识，更是知行分不开的。五权与九权的宪法，都不是学者的抽象理想，都只是某国某民族的实行的经验的结果。政治学者研究的对象只是历史，制度，事实——都是“行”的成绩。行的成绩便是知，知的作用便是帮助行，指导行，改善行。政治家虽然重在实行，但一个制度或政策的施行，都应该服从专家的指示，根据实际的利弊，随时修正改革，这修正补救便是越行越知，越知越行，便是知行不能分开。

中山先生志在领导革命，故倡知难行易之说，自任知难而勉人以行易。他不曾料到这样分别知行的结果有两大危险：

第一，许多青年同志便只认得行易，而不觉得知难。于是有打倒智识阶级的喊声，有轻视学问的风气。这是很自然的：既然行易，何必问知难呢？

第二，一班当权执政的人也就借“行易知难”的招牌，以为知识之事已有先总理担任做了，政治社会的精义都已包罗在《三民主义》《建国方略》等书之中，中国人民只有服从，更无疑义，更无批评辩论的余地了。于是他们掮着“训政”的招牌，背着“共信”的名义，钳制一切言论出版的自由，不容有丝毫异己的议论。知难既有先总理任之，行易又有党国大同志任之，舆论自然可以取消了。

行易知难说是一时救弊之计，目的在于矫正“知之非艰，行之维艰”的旧说，故为“林林总总”之实行家说法，教人知道实行甚易。但老实说来，知固是难，行也不易。这便是行易知难说的第二个根本错误。

中山先生举了十项证据来证明行易知难。我们忍不住要问他：

"中山先生，你是学医的人，为什么你不举医学做证据呢？"中山先生做过医学的工夫，故不肯举医学做证据，因为医学最可以推翻行易知难的学说。医学是最难的事，人命所关，故西洋的医科大学毕业年限比别科都长二年以上。但读了许多生理学，解剖学，化学，微菌学，药学……还算不得医生。医学一面是学，一面又是术，一面是知，一面又是行。一切书本的学问都要能用在临床的经验上；只有从临床的经验上得来的学问与技术方才算是真正的知识。一个医生的造成，全靠知行的合一，即行即知，即知即行，越行越知，越知越行的工巧精妙。熟读了六七年的书，拿着羊皮纸的文凭，而不能诊断，不能施手术，不能疗治，才知道知固然难，行也大不易也！

岂但医生如此？做豆腐又何尝不如此？书画弹琴又何尝不如此？打球，游水，开汽车，又何尝不如此？建屋造船也何尝不如此？做文章，打算盘，也何尝不如此？一切技术，一切工艺，那一件不如此？

治国是一件最复杂最繁难又最重要的技术，知与行都很重要，纸上的空谈算不得知，卤莽糊涂也算不得行。虽有良法美意，而行之不得其法，也会祸民误国。行的不错，而朝令夕更，也不会得到好结果。政治的设施往往关系几千万人或几万万人的利害，兴一利可以造福于一县一省，生一弊可害无数人的生命财产。这是何等繁难的事！古人把"良医"和"良相"相提并论，其实一个庸医害人有限，而一个坏政策可以造孽无穷。医生以人命为重，故应该小心翼翼地开刀开方；政府以人民为重，故应该小心翼翼地治国。古人所以说"知之非艰，行之维艰"，正是为政治说的，不是叫人不行，只是叫人不要把行字看的太容易，叫人不可卤莽糊涂地胡作胡为害人误国。

民生国计是最复杂的问题，利弊不是一人一时看得出的，故政治是无止境的学问，处处是行，刻刻是知，越行方才越知，越知方才可以行的越好。"考试"是容易谈的，但实行考试制度是很难的事。"裁兵"是容易谈的，但怎样裁兵是很难的事。现在的人都把这些事看的太容易了，故纨绔子弟可以办交通，顽固书生可以办考试，当火头出身的可以办一省的财政，旧式的官僚可以管一国的卫生。

今日最大的危险是当国的人不明白他们干的事是一件绝大繁难的事。以一班没有现代学术训练的人，统治一个没有现代物质基础的大国家，天下的事有比这个更繁难的吗？要把这件大事办的好，没有别的法子，只有充分请教专家，充分运用科学。然而“行易”之说可以作一班不学无术的军人政客的护身符！此说不修正，专家政治决不会实现。

十八年五月改定稿

附录二：补世系表

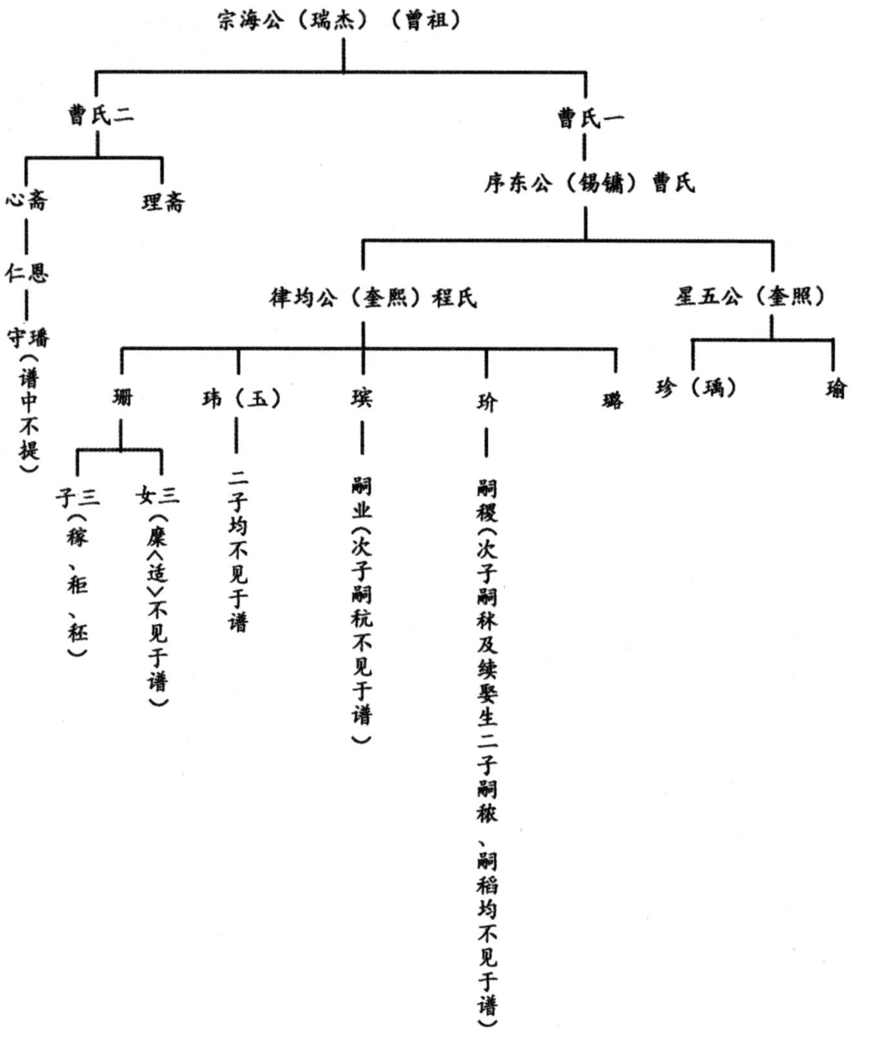
宗海公（瑞杰）（曾祖）
曹氏二
曹氏一
心斋
理斋
序东公（锡镛）曹氏
仁恩
守璠（谱中不提）
律均公（奎熙）程氏
星五公（奎照）
珊
玮（玉）
瑸
玠
璐
珍（瑀）
瑜
子三（稼、秬、秠）
女三（糜〈适〉不见于谱）
二子均不见于谱
嗣业（次子嗣秔不见于谱）
嗣稷（次子嗣秫及续娶生二子嗣秾、嗣稻均不见于谱）